LOS SECRETOS DE

DIOS

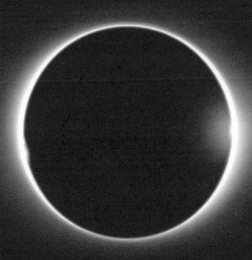

una vida llena de
palabras de conocimiento

SHAWN BOLZ

PRÓLOGO POR GRAHAM COOKE

Publicado por ICreate Productions,
PO Box 50219, Studio City, CA 91614
www.bolzministries.com

Para contactar el autor con respecto a su participación en una conferencia o
iglesia, por favor ir a www.bolzministries.com

ISBN 978-1-947165-11-3

Impreso en los Estados Unidos de Norteamérica

Las Escrituras muestran que Dios comparte Sus secretos con Sus siervos los profetas. No es una coincidencia que el padre de la fe, Abraham, también llamado amigo de Dios, sea la primera persona en la Biblia a quien se le llama profeta, ¿Qué concluyo de esto?, ¡A Dios le encanta la amistad!, le encanta compartir Sus secretos (conocimientos) con personas de fe genuina y que tengan una relación íntima con Él, conozco a Shawn Bolz y he visto crecer su carácter y su don durante veinticinco años y he observado, de primera mano su camino de amor por Dios y por Su pueblo. Es un placer y un honor recomendar el mensaje y ministerio de Shawn Bolz en tiempos como éstos.

JAMES W. GOLL
Fundador de God Encounters Ministries International
Orador y Autor de best-sellers
www.godencounters.com

Shawn Bolz ha sido utilizado maravillosamente por el Señor en los dones del Espíritu, especialmente en lo que las Escrituras llaman "una palabra de conocimiento". Mientras que los eruditos discuten la interpretación exacta de ese don, las tradiciones pentecostales y carismáticas están arraigadas en una conciencia bíblica y en una maravillosa experiencia en la que Dios revela los secretos de los corazones por medio de esta manifestación del Espíritu Santo. Disfrute lo que Shawn ha reunido aquí para su consideración, ya que él, no es ajeno a lo que sabemos en cuanto a cómo se expresa la palabra de conocimiento.

DR. MARK J. CHIRONNA
Iglesia On The Living Edge, Ministerios Mark Chironna, The Issachar Initiative
www.markchironna.com

En este tiempo en el que es más importante que nunca escuchar a Dios claramente, llegan los **Secretos de Dios**, desechando el ministerio basado en la actuación e invitándonos a tener una comunicación relacional con Dios, Shawn Bolz hace que el escuchar a Dios sea comprensible y que el ministerio profético sea identificable. Al hacer ésto, nos da las herramientas para hacer una conexión de corazón con Dios y con los demás. ¡Recomiendo ampliamente este libro!

BOB HAZLETT
Autor de *The Roar: God's Sound in a Raging World*
www.bobhazlett.org

Conozco a Shawn Bolz desde hace muchos años, siempre lo he considerado como una persona auténtica y completamente comprometida con Cristo y Su Reino. Él es realmente amigo de Dios. Cuando comenzó a recibir palabras de conocimiento extraordinarias y específicas, me quedé maravillada, me encantaba ser testigo de Dios revelándole sus secretos. Él esperaba humildemente a Dios durante una reunión y comunicaba las palabras que creía que el Señor le había dado, se podía escuchar un alfiler caer mientras la gente esperaba con una anticipación sagrada que Dios hablara, cuando comunicaba las palabras, el shock y el asombro inundaban la atmósfera, estas palabras eran tan específicas y tan personales que todos sabían que él no podía haber recibido dicha información a través de una fuente natural – Dios se encontraba en medio de ellos. La fe se elevaba en la habitación y la gente quedaba atrapada en la presencia gloriosa del Señor. Conforme leía **"Los Secretos de Dios"**, fui bendecida desmesuradamente. ¿Por qué? Porque Shawn abierta y sinceramente comparte lo que Dios le ha enseñado. Creo que usted obtendrá una comprensión valiosa del corazón de Dios y las funciones de lo profético, pero además recibirá una poderosa invitación y aportes conforme vaya leyendo. Dios está levantando un ejército de amigos. "Los Secretos de Dios" le ayudará a emprender esa sagrada amistad con Dios.

PATRICIA KING

Fundadora de Patricia King Ministries, Women in Ministry Network www. patriciaking.com

Shawn Bolz es la punta de la lanza de la verdadera profecía reveladora. Hay muchas profecías pero pocos padres en lo profético. Shawn es ese padre y ese hermano cercano que todos desearían conocer. De la A hasta Z, este libro completa y verdaderamente responde a la pregunta:-"Wow Shawn, ¿cómo haces eso?". Los profetas hacen algo maravilloso cuando profetizan sobre el panorama en general; cómo son las cosas contra, cómo parece que son. Ellos profetizan sobre las naciones y alrededor de la tierra. ¿Shawn?, él es diferente. ¡Él profetiza en el corazón de la gente salva o no salva!, eso lo coloca en una esfera completamente diferente, una esfera y unción, que francamente cumple su función. Hace que la gente se salve y cambia vidas. Corre, no camines, para ir por este libro, y por favor, ¡consigue otro para un amigo!

STEVE SHULTZ
Fundador de The Elijah List
www.elijahlist.com

La Palabra de Dios afirma que Dios no hará nada sin revelar Sus planes secretos a Sus amigos los profetas, para ser amigo de Dios, uno debe dedicar tiempo a desarrollar una relación íntima, de confianza con el Espíritu Santo para conocer: Su voz, Sus métodos, Sus formas y Su estado de ánimo. El libro de Shawn Bolz, **"Los Secretos de Dios"**, es profundo en su alcance y magnitud como guía de entrenamiento. Llevará al lector por detrás del velo para ayudarle a desarrollar el don de la palabra de conocimiento. Dios quiere compartir Sus secretos con Su amada esposa, pero debemos estudiar la Palabra de Dios y los regalos del Espíritu para demostrar que somos dignos de ser aprobados. Este maravilloso libro le permitirá sobresalir mientras ministra bajo la unción de Dios, porque comenzará a reconocer, conocer y entender el corazón del Padre.

DR. BARBIE L. BREATHITT
Prophetic Dream Life Coach, Breath of the Spirit Ministries Inc.
www.BarbieBreathitt.com, www.MyOnar.com, Dream Interpretation

En estos tiempos, no estoy seguro de si hay un tema más importante para nosotros como creyentes que el de cómo escuchar la voz de Dios por nosotros mismos y para otros. Dios nos habla y nuestro gran privilegio es escucharlo y hablar por Él. El profundo impacto que Shawn Bolz está teniendo, no sólo se debe a su don, pues además de trabajar en el don de la palabra de conocimiento a un nivel alto, Shawn tiene un corazón auténtico para preparar y capacitar a otros para que hagan lo mismo, está haciendo que lo profético sea accesible para todos, tal y como lo deseaba Dios. Shawn está usando su don para enseñarnos a escuchar la voz de Dios. Este magnífico libro ha tenido un impacto en mi vida y en nuestra comunidad local de una forma poderosa.

BANNING LIEBSCHER
Fundador de Jesus Culture
jesusculture.com

"**Los Secretos de Dios**" es un libro impresionante que nos prepara para trabajar en el ministerio profético a un nivel mucho más alto del que conocemos. El increíble don profético de Shawn Bolz es una invitación para todos nosotros a aumentar el riesgo y avanzar hacia una mayor exactitud del ministerio profético enfocándonos en el amor del Padre. ¡No te lo pierdas!

ROBBY DAWKINS
Autor y Orador Internacional de how to do what Jesus did
robbydawkins.com

Las palabras de conocimiento, son la manera en que nuestro Padre llama la atención de las personas. Los creyentes que oyen el corazón del Padre a través de las palabras de conocimiento, ¡tienen increíbles puertas de oportunidades para compartir el amor de Jesús en ambientes extraordinarios!, Shawn Bolz es un maravilloso hombre de Dios con un poderoso don de la profecía en su vida, es un maestro increíble, también un amigo cercano. Lo que verdaderamente me encanta de Shawn, es que sus enseñanzas están enfocadas en nuestra identidad como hijos e hijas. A través de las enseñanzas de Shawn, la gente se ha activado para vivir dependiendo completamente del Espíritu Santo.

TODD WHITE
www.lifestylechristianity.com

A través de los años he observado que el movimiento profético puede ser un asunto muy polémico para el cuerpo de Cristo. Considero que eso puede cambiar verdaderamente a través de fortalecer un componente clave: la humildad, la cual es la base del Reino como lo reveló Jesucristo: el acto insondable de que Dios se haga hombre. Shawn Bolz muestra un nivel de humildad con su don profético de una forma que no he visto en ningún otro. En su nuevo libro, "**Los Secretos de Dios**", Shawn comparte las riquezas de los secretos que Dios le ha revelado, al tiempo que alienta al lector a salir y hacer lo mismo, este libro está lleno de humildad y es un regalo masivo de desarrollo de la fe para el cuerpo. Sinceramente, lo recomendaría a cualquiera y a todo aquel que esté totalmente interesado en este don del Espíritu Santo.

BRIAN "HEAD" WELCH
Co-fundador de KoRn
Autor de *Save Me from Myself, Stronger* and *With My Eyes Wide Open*
www.brianheadwelch.net

Shawn escribe este libro especial: **"Los Secretos de Dios"**, con un corazón sumamente humilde. Su meta es utilizar su camino, incluso sus errores, para ayudarle a ser más audaz y tomar riesgos para compartir el amor de Dios. La vida de Shawn es un ejemplo poderoso para todos nosotros, él brilla por Jesús. Dios utiliza las palabras de conocimiento y la profecía para conectarse con la gente y para dar muestra de Su profundo amor y misericordia. No se trata de usted; se trata de Él, Oro para que este libro le inspire a presentarse a Dios y a permitir que Él lo utilice para transformar vidas.

HEIDI G. BAKER PHD
Co-fundadora y Directora General de Iris Global
www.irisglobal.org

En mis casi 40 años de pertenecer al ministerio profético, Shawn Bolz realiza uno de los más maravillosos trabajos con la palabra de conocimiento que he presenciado. En su libro **"Los Secretos de Dios"**, Shawn comparte importantes historias personales, sobre cómo la palabra de conocimiento se usa para conectar a las personas con el corazón del Padre, con Su amor y naturaleza, sin embargo, me encanta que va más allá de esto, alentando al lector en cuanto a que el don del Espíritu Santo es reproducible en la vida de todos los creyentes. Conforme vaya leyendo, se verá desafiado a tomar riesgos para salir de su zona de confort espiritual y levantarse al llamado ¡para hacer que Dios sea real a todos lados a donde vaya!

JANE HAMON
christianinternational.com

Tengo diez años de conocer a Shawn y he tenido el privilegio de estar en lugares en los que en muchas ocasiones ha actuado por fe con increíbles palabras de conocimiento. Su don es verdaderamente impresionante, pero su amor por Dios y por la gente es lo que me ha impresionado más de él a lo largo de los años. Sé que este libro sobre palabras de conocimiento, lo llevará a amar a las personas donde se encuentren, mientras que lo alentará a arriesgar más y a profundizar en su propia relación con Dios.

BRYAN TORWALT
Jesus Culture
jesusculture.com

Desde que tenía dieciséis años, me he sentido profunda y maravillosamente impactada por las palabras proféticas y de conocimiento. Casi cada aspecto importante de mi vida como mi carrera, mi esposo, mi hogar, mi hijo y muchas otras cosas más, me fueron profetizados antes de que se manifestaran en lo natural. Es por eso que estoy tan emocionada de que Shawn Bolz haya escrito **"Los Secretos de Dios"**, y de que esté compartiendo su profundo don profético y sus conocimientos con el mundo. En este libro, Shawn permite que las personas entiendan cómo funcionan de manera increíblemente sobrenatural, más poderosamente personales; los dones de la profecía y las palabras de conocimiento son un verdadero recurso para cualquier persona que desee oír y comunicar la voz de Dios. Me siento profundamente conmovida cada vez que experimento el ministerio de Shawn Bolz; estoy emocionada de que mediante este libro, todos aprendamos a tener acceso a los secretos de Dios.

EDWINA FINDLEY
Actriz de Hollywood
edwinafindley.com

Conozco a Shawn Bolz desde hace varios años, ha sido un gran honor verlo crecer en el Señor y en su don profético. Durante los últimos años, lo he visto adentrarse en algo nuevo en la revelación que nunca había visto antes. Shawn se mueve de manera poderosa dentro de las palabras de conocimiento, lo cual es una señal y una maravilla por sí misma. La manera en que trabaja en este don cambia vidas ya que las personas que reciben su ministerio, experimentan el amor tangible del Padre. En **"Los Secretos de Dios"**, Shawn comparte pasos prácticos para crecer en este don, nos inspira a anhelar las revelaciones del cielo, conocer los secretos de Dios y llevar una vida llena de belleza de palabras de conocimiento. ¡Recomiendo ampliamente este libro a cualquiera que desee crecer en la revelación y a llevar a las personas a encuentros con nuestro tan amoroso Padre!

KRIS VALLOTTON
Asociado Mayor de Bethel Church, Redding CA
Co-fundador De Bethel School of Supernatural Ministry
Autor de 13 books, incluyendo *The Supernatural Ways of Royalty* y *Destined to Win*
krisvallotton.com

La mejor opinión que puedo dar es esta: ¡lloré durante todo el libro! No hay nada como la palabra de conocimiento que transmite el amor de Dios a un alma individual. ¿Alguna vez podré olvidar Azusa Now 2016, cuando Shawn nombró personas y situaciones de entre una multitud de setenta mil personas?, ¡oh, por el amor de Dios!, me quedé asombrado. Todo lo que puedo decir sobre Shawn, su amor, su don y este libro, es lo citado por John Wesley: *"¿Cuándo llenará este tipo de cristianismo toda la tierra?"*

LOU ENGLE
The Call
www.thecall.com

Es algo especial tener un amigo que trabaje con un don profético único, es increíble cuando ese amigo puede activar a las personas en ese mismo don. He vivido esto más veces de las que puedo contar, ver gente adentrarse en las palabras de conocimiento después de escuchar a Shawn hablar o después de haber leído uno de sus libros. Hay un impulso que se lleva a cabo y me ha dado muchísima alegría ver a nuestra familia global adentrarse en ésto.

ERIC JOHNSON
Autor de Bethel Redding, *Momentum* y *Christ in You*
www.bethel.com

Shawn Bolz, ha realizado un gran servicio al cuerpo de Cristo con este eminente y valioso libro sobre la palabra del conocimiento. He estado involucrado en casi todos los movimientos de Dios durante mis casi setenta y dos años de ministerio apostólico y parece que se ha dicho o se ha sabido muy poco acerca de la palabra de conocimiento. Recuerdo que en los primeros años del movimiento de sanidad, siempre fue llamado como el "don del discernimiento de espíritus". En una ocasión, no hace muchos años, Oral Roberts y yo estábamos en una cena hablando del don de William Branham de palabra de conocimiento, lo cual fue la inspiración para que Oral entrara al ministerio de sanidad; mientras hablábamos, Oral se acercó, tomó mi muñeca y dijo: *"hermano Paul, nunca tuve el don de la palabra de conocimiento como tú y el hermano Branham"*. Tuve el placer de corregirlo relatando algunos casos excepcionales en los que, de hecho, había usado el don de la palabra de conocimiento, su rostro resplandecía, entonces dijo: *"Bueno, realmente usé el regalo sin saberlo, pero lo llamé el don del discernimiento"*. Ahora, gracias a Shawn y esta gran obra, nadie debe ser descuidado en cuanto al uso de la palabra de conocimiento. Este libro nos da una muestra de ello, para que podamos seguir buscándolo.

PAUL CAIN
Evangelista
www.paulcainministries.wordpress.com

Shawn Bolz, está obedeciendo el mandato de 1 Corintios 14:1 de seguir el camino del amor y desear ardientemente los dones espirituales. Pero él será el primero en decirle que tuvo que presionar, practicar y descubrir cómo fluir con precisión, tuvo que entrenar sus sentidos para discernir lo bueno que provenía del corazón de Dios (ver Hebreos 5:14). En su último libro, Shawn da la instrucción práctica y el estímulo que usted necesita para ser lo que él llama un profético corredor de riesgos, uno que esté más preocupado por compartir el amor de Dios con los demás que por avergonzarse a sí mismo. Este libro le ayudará a afinar sus habilidades, mientras busca en el corazón de Dios lo que Él tiene para las personas a través del don de las palabras de sabiduría. ¡Recomiendo totalmente este libro!

JENNIFER LECLAIRE
Editor Principal, Charisma magazine Director Awakening House of Prayer,
Autor de *The Making of a Prophet*
www.jenniferleclaire.org

La primera vez que escuché hablar sobre Shawn fue hace como siete años, ¡a través del encuentro más increíble y una palabra de conocimiento que tenía él para mí!, Shawn iba caminando por Hollywood Boulevard cuando se le apareció Jesús y le dijo: *"¡Entra a una tienda para turistas del área y cómprale a Wendy un llavero con la palabra "Hollywood" que tenga fotos de cámaras!",* Shawn hizo exactamente eso y aunque no me conocía, me escribió una carta sobre cómo el apostolado entraría por la puerta del entretenimiento y cómo muchos eventualmente lo seguirían. A través de un amigo mutuo, el llavero y la carta llegaron a mis manos y ¡ese es el proyecto de Crónicas de Hermanos que estamos creando para HW en estos momentos!, fue después de esto que nos conocimos en Los Ángeles y nos hicimos amigos. ¡Oh! Shawn lleva una vida totalmente entregada, que está marcada permanentemente por el amor, he encontrado a muy pocas personas que tengan la capacidad de amar a la gente de todo tipo de condiciones sociales, desde los más altos niveles de la sociedad hasta los totalmente pobres. El sello de su ministerio es el amor, cuando el profeta Bob Jones subió a la gloria, algo increíble sucedió con Shawn. Yo realmente creo que las palabras de conocimiento con las que ha trabajado, son uno de los dones más raros y únicos que hay hoy en día en la tierra y es que es alimentado por una sola cosa: el amor de Jesús por las personas. Creo que ese es el único y nuevo manto del Padre sobre Shawn. Pero considero que Bob Jones, quién amó a Shawn por muchos años, ¡lo está observando con gozo desde la Gloria!

Este es un libro que urgentemente necesitamos como cristianos hoy en día. Gracias, gracias, querido Shawn por escribirlo, llega justo a tiempo y es un estímulo para que todos nosotros perseveremos en este don, cuando hay tantos desanimados y desesperados por saber qué es lo que ve el Padre. ¡Tu amor y tu don están impactando al mundo en el nombre de Jesús!, gracias por tu increíble obediencia hacia el llamado.

WENDY ALEC
Co-fundadora, Directora Creativa GOD TV, Warboys Entertainment, Autora Londinense de Chronicles of Brothers
www.chroniclesofbrothers.com

Como mujer de negocios que ha dependido en gran medida de las palabras de conocimiento, del discernimiento y de lo profético para poder hacer las cosas que estoy llamada a hacer en mi vida personal y como Directora General, ¡el libro de Shawn (¡y el ministerio!) son un respiro de aire fresco!, lo profético no cabe en una caja, y yo iba encontrando a Dios en las páginas de **"Los Secretos de Dios"** ¡conforme los eventos emocionantes y poco comunes iban siendo relatados! Me llevó a una comprensión más profunda de cómo seguir utilizando lo que sé y cómo adentrarme en nuevos niveles que mi corazón ha estado pidiendo a gritos. ¡Shawn es una bendición para esta generación que anhela relación y autenticidad con Dios!

SANDI KRAKOWSKI
Presidenta y Directora General, A Real Change International, Inc. Direct marketing copywriter, autora, consultora de negocios y oradora
www.arealchange.com

CONTENIDO

PRÓLOGO

POR GRAHAM COOKE

L os temas recurrentes que encontramos en este excelente libro, son los mensajes constantes de las escrituras con respecto a un estilo de vida profético dentro de una nueva cultura
de pacto.

La intencionalidad del corazón, la mente y voluntad de Dios.
El desarrollo de una estrecha relación personal con el Padre, a
través de la constante presencia del Señor Jesús. La confirmación
continua de la disposición amorosa de Dios hacia la humanidad.
La preparación necesaria para dar un paso en nuestra fe. La
necesidad de tomar riesgos por lo que creemos. El enfoque de
permanecer en Jesús y mantener una conexión con el Espíritu
Santo. El desarrollo de una teología relacional saludable del
Nuevo Testamento, en cuanto a quién es Jesús para nosotros como
nuevos hombres, y lo que Él ha logrado hacer por nuestra libertad
al despojarnos del viejo hombre.

La vida en el Espíritu, se trata sobre cultivar sabiduría en el
Lugar Secreto del corazón de Dios, saber cómo Él realmente ve a las
personas, conocer el proceso de los pensamientos más íntimos de
Dios que mueve las perspectivas divinas al valor espiritual, liberando

el lenguaje del Reino que permite a las personas sentirse conocidas por su Creador. Todo desde un lugar de perfecta seguridad en Cristo, en quien están escondidos todos los tesoros de sabiduría y del conocimiento.

La base de todo ministerio es una gratitud profunda por la naturaleza inmutable de Dios. Hambre y sed profunda por estar con los Tres en cada circunstancia, tener confianza total en el Espíritu Santo y en Su amor por el Señor Jesús. Experimentar el asombroso enfoque de Jesús en Su Padre conforme busca todo lo que dice y hace. Amar el aprendizaje que se encuentra presente en todas nuestras situaciones de la vida. Este libro está lleno de sabiduría para el desarrollo de dicho perfil relacional y ministerial.

En un ministerio en el que todos los errores se hacen públicos, la clave para la longevidad es la humildad. El enfoque honesto y abierto de Shawn con respecto a su ministerio es tanto refrescante como instructivo. Sólo las personas flexibles pueden enseñar de manera efectiva, su confianza en la bondad de Dios es el trampolín para dejar salir el don de Dios, y para la libertad que éste crea en la gente.

Este libro es un gran ejemplo de un hombre humilde, que observa desde la naturaleza de Dios para conectar a las personas con Él y con Su palabra. Cada vez que leo los Evangelios veo el mismo ejemplo de Dios en Jesús; una relación de corazón con Dios, es la puerta para el encuentro y la experiencia con otras personas. He visto varios ejemplos de lo contrario, personas que buscan tener dones para obtener poder e influencia, líderes y ministros que aprovechan su posición, con el fin de tener control y reconocimiento.

Shawn nos lleva a un lugar de emoción y verdad. No tienes que ser "especial". La gente común, que se encuentra en contacto y en sintonía con un Dios extraordinario, puede llevar a cabo un gran llamado dentro del Reino. Personas unidimensionales caminando con un Dios multidimensional que siempre llevará la carga, esa es la diferencia y la tierra de cultivo para la humildad.

A medida que se enseña a la gente a llevar una vida humilde, su lenguaje es primero, confiado y seguro; "Creo que Dios está diciendo algo". Dentro del círculo del aprendizaje público, es tanto sensato como humilde hacer preguntas: "¿Hay aquí un John que es de Columbus?", sólo un corazón humilde puede mantenernos alejados de la presión. Historia tras historia, Shawn nos muestra el estilo de vida que se necesita para vivir bajo el calor del fogón, que es el ministerio público de lo sobrenatural.

Conforme la confianza en nuestra relación con Dios aumenta, avanzamos hacia la fe y la seguridad que es donde reside la verdad más poderosa y reveladora. Nuestro ministerio se vuelve un hermoso flujo y reflujo entre la verdad y la fe. La diferencia entre nuestro deleite en Él y la plenitud de Su alegría en nosotros. Shawn personifica a un hombre y a un ministerio en este camino. Y cito: "*Está abierto al fracaso. La clave es cumplir con el objetivo personal de tu ministerio de amar a la persona*". Ama a la gente tanto como para compartir el corazón de Dios con ellos; nunca se trata de nosotros, sólo se trata de quién es Dios por nosotros, en nosotros y a través de nosotros.

¡Una búsqueda seria de los dones espirituales significa practicar muchísimo!, pon atención a cómo tu ministerio te afecta, si fuiste preciso, ¿cómo te sentiste?, si fallaste, ¿qué estaba pasando?, aprende el aspecto de la presencia. Se consciente del estrés que conlleva el esfuerzo. Este libro ofrece excelentes consejos sobre cómo evitar la presión al desempeñarse.

El secreto público de Shawn, es su amor por la intimidad y la sensibilidad con los Tres; evita la necesidad de ser espectacular y se presenta a sí mismo como una persona común; el estar vivos para Dios nos hace ser más conscientes de la gente. Jesús es la puerta para una nueva experiencia y encuentro, los dones sobrenaturales son la palanca del Espíritu Santo que abre espacio a través de Jesús para que Dios hable y actúe.

Los Capítulos 3 y 4 deberían ser de estudio obligatorio para todas aquellas personas que están siendo adoctrinadas, ya que son la base misma para crecer en estos dones en específico, sin embargo, son bastante inútiles sin el resto del libro, lo cual es la revelación constante de quién es Dios en Sí Mismo y cómo puede conocernos y amarnos de manera personal.

Hay ministerios falsos a través de todo el espectro, desde pastores hasta apóstoles, también hay "investigadores falsos", normalmente conocidos como trolls que tejen una red de mentiras y malentendidos a partir de una mentalidad negativa (expresamente prohibida en las Escrituras). A menudo, su carga de la prueba surge de su propia falta de claridad doctrinal que se pone en evidencia debido a su oposición a la Iglesia del Nuevo Testamento.

La persecución de personas que viven en plenitud no es nada nuevo, y en este libro Shawn demuestra un control admirable. Responder a una acusación con otra acusación es hacer el trabajo del acusador. Jesús es el defensor público de Su propio cuerpo, si la gente quiere sembrar juicio, es mejor juzgar ahora, mientras todavía pueden arrepentirse y cambiar, en lugar de en el más allá, donde lo nuevo ya no es una opción.

Me encantan muchas de las verdades, ejemplos y prácticas de este libro. Me gusta particularmente el elemento concerniente a la diferencia ministerial entre cristiano y pre-cristiano. Los pre-cristianos cometen errores en la vida porque no tienen una relación con Dios y no tienen acceso a la sabiduría o a la verdad reveladora, la cual produce y mantiene la libertad, es una alegría profunda ver a Dios abrir una puerta para que ellos puedan entrar a un nuevo espacio espiritual.

Sin embargo, gran parte del ministerio profético y revelador es empleado en cristianos a quienes nunca se les ha enseñado a escuchar la voz de Dios, no se les ha enseñado cómo vivir bajo el modelo del nuevo hombre, sino que han sido adoctrinados activamente para vivir en la antigua cultura que está centrada en el pecado, luchan con pensamientos, emociones, perspectivas y lenguaje negativos; llegan al ministerio profético esperando recibir una palabra que pudieron haber oído ellos mismos si les hubieran enseñado de manera efectiva. Mientras tanto, hay un mundo allá afuera que necesita desesperadamente la revelación, el amor intencional y la intervención divina.

Shawn es un profeta del Nuevo Testamento, marcado por Jesús en el nuevo hombre. Un hombre de amor, bondad, amabilidad y humildad, atributos que están tan vivos en su libro como en su vida, tomados en conjunto, estos atributos son los más temidos por el enemigo ya que son negados por las personas religiosas.

Por lo tanto, esto los convierte en el vehículo más real, profundo y maravilloso para los dones del Espíritu. Caminar junto con Dios, es la experiencia más maravillosa que puede haber, y los nuevos profetas del pacto están llevando a la gente a ese mismo lugar maravilloso. Espero que pueda escuchar el amor, la humildad, la curiosidad y el milagro a través de la escritura de Shawn.

Cómo hubiera querido tener acceso a este nivel de sabiduría, perspectiva y comprensión práctica en cuanto a cómo moverte dentro de los dones de la profecía y las palabras de conocimiento a principios de los setenta. Cuando inicié en este ministerio, había muy pocas personas que sabían cómo hacerlo, dirigirlo y adoctrinar a la gente en ello.

Lloré por mí y por todo lo que me vi obligado a soportar como una persona introvertida empujada hacia los duros reflectores de un escenario creado sólo para extrovertidos. Lloré por amigos que fueron destruidos por la ignorancia y la superstición de otras personas, por algunos que se quitaron la vida porque la implacable competencia fue demasiada. Otros que sucumbieron al trastorno por estrés postraumático "TEPT" emocional y espiritual de su época, al clamor constante de la gente dentro de la iglesia que te ve como una solución instantánea a todos sus problemas.

Este libro es sumamente importante dentro del contexto de desarrollar a la gente en una cultura de intimidad y sensibilidad ante la Presencia de Dios, este libro es invaluable, debería ser una lectura obligatoria para cualquier tipo de escuela o programa de capacitación espiritual.

El estilo de vida del hombre y ministro que escribió este libro nos muestra qué es lo que se necesita en la búsqueda de los dones espirituales.

GRAHAM COOKE

www.brilliantperspectives.com

INTRODUCCIÓN

Me encanta que el cristianismo y nuestra fe estén basados en esta maravillosa realidad de que Dios interactúa con nosotros. Todas las Escrituras están llenas de historias increíbles, en donde seres humanos comunes entran al esplendor de una conexión real con Dios.

Me siento inspirado especialmente por las historias en que Dios le habla a Su pueblo y cómo todo esto se manifiesta en Su gloria. Me encanta ver lo que Él puede hacer en nuestras vidas a través de Sus hermosas interacciones. Muchas de estas reveladoras historias llegan mediante dones del Espíritu Santo que desafortunadamente y a menudo son malinterpretados y difícilmente impulsados hoy en día.

Crecí en un ambiente de personas que apasionadamente buscaban a Dios y deseaban escucharlo. En nuestra iglesia, vi el poder de las palabras de conocimiento, especialmente a través de la sanidad. Alguien escuchaba a Dios e identificaba una enfermedad o un problema físico y entonces todos oraban para que sea sano, sin embargo, esos momentos, eran raros incluso para nuestra iglesia progresiva.

A veces, algunas personas notables a quienes admirábamos traían una atmósfera de asombro a través de su fe para conectarse con la voz de Dios, se paraban allí, lanzando una serie de palabras reveladoras, conforme hablaban con varias personas de la multitud. A través de la revelación divina, identificaron enfermedades y compartieron palabras en base a nombres de personas que nunca habían conocido. Los dones y el ministerio de estos hombres y mujeres siempre me han parecido fascinantes. A lo largo de mi vida, he buscado ese don de recibir este tipo de palabras reveladoras para las personas que me rodean.

Como niño, no sabía cuál era la diferencia entre una profecía, una palabra de conocimiento, una interpretación de lenguas o una palabra de sabiduría, todas me parecían estar amontonadas como esos dones raros que sólo algunas personas manejaban y disfrutaban; de hecho, parecía que la mayoría de la gente que tenía una reputación en estas áreas, era extraña y socialmente torpe. Honestamente, casi me quedo atrapado con esa mentalidad conforme observaba a aquellos que poseían estos grandes dones. Pero afortunadamente, las Escrituras siempre me mostraron algo diferente, recuerdo leer historias de la Biblia y pensar: *"Pero por otro lado está Jesús quien es nuestro ejemplo, y sus Historias son tan fascinantes"*; y, después leía las maravillosas historias con las que me podía identificar sobre personas que escuchaban a Dios como María y José, el apóstol Pablo y los discípulos de Jesús como Pedro y Juan. Si no había ninguna interacción, la fe me resultaba tan vacía, así que he buscado una vida de comunicación con Dios. No nací con un don y no hubo un momento de mi juventud en el que un ángel me visitara como Gabriel visitó a María, simplemente seguí los ejemplos bíblicos, especialmente los de Jesús, que nos dio algunas de las mejores ilustraciones de lo que pueden hacer las palabras de conocimiento provenientes del cielo.

La profecía es un don maravilloso que Dios ha compartido con nosotros para darnos pistas o mensajes directos sobre el futuro y sobre nuestras vidas. Mediante la fe, los mensajes que recibimos pueden ayudarnos a orientar nuestras vidas hacia algo que Dios desea hacer en y a través de nosotros. Las palabras de sabiduría son muy útiles ya que nos ayudan a entender cómo aplicar lo que Dios dice y hace para comunicarlo o relacionarlo con el mundo que nos rodea. Pero las palabras de conocimiento son mis favoritas, soy una persona a quien le encanta el tiempo de calidad y las palabras de conocimiento me hacen sentir como si Dios Omnipotente eligiera estar conmigo en ese momento.

Las palabras de conocimiento te ubican en la verdad de que Dios te conoce y ama. Escuchar Su propósito para nuestras vidas, provoca un momento de maravilla y asombro, conforme somos testigos de la naturaleza del amor de Dios y de su cuidado paternal que se manifiesta a la vista de todos; esto es como el asombro que David comparte con su Creador Todopoderoso en el Salmo 139:1-7 (The Message):

Señor, tú me has examinado y me conoces; tú conoces todas mis acciones; aun de lejos, te das cuenta de lo que pienso. Sabes todas mis andanzas, ¡sabes todo lo que hago! Aún no tengo la palabra en la lengua, y tú, Señor, ya la conoces. Por todas partes me has rodeado; tienes puesta tu mano sobre mí. Sabiduría tan admirable está fuera de mi alcance; ¡es tan alta que no alcanzo a comprenderla! ¿A dónde podría ir lejos de tu espíritu? ¿A dónde huiría lejos de tu presencia?

Cuando el Dios de toda la creación te habla, la vida se vuelve diferente. La persona más poderosa del universo te conoce y te ama; se preocupa por ti, como David dice, es "tan admirable"; definitivamente Tu mundo interno cambia ¡Eres Transformado!

Escribí el libro *Interpretando a Dios* para llevar a la gente hacia un enfoque basado en el amor del ministerio profético, y búsqueda de la revelación. Espero que este libro te ayude a entender y luego a dar prioridad a una vida que busque los dones de la revelación, ¡especialmente a compartir el conocimiento de Dios directamente desde Su mente y desde Su corazón!

LA BASE DE LAS PALABRAS DE CONOCIMIENTO

N o podía creer que me estuviera subiendo al escenario más grande de mi vida, sesenta y cinco mil personas se habían reunido (además de cientos de miles que miraban por televisión) para conmemorar lo que había sucedido apenas cien años antes en Azusa Street, el avivamiento que señalaba el nacimiento del pentecostalismo. Había sido invitado para formar parte de este evento histórico **"El Llamado"** que se trataba de pedirle a Dios que nuevamente hiciera algo grande durante nuestra generación.

Meses antes, los directores del evento me habían invitado a subir al escenario, (posiblemente para una de las secciones más largas de la noche), a presentar los dones proféticos y luego pedirle a Dios que habilitara a otros para hacer lo mismo, estaba emocionado de que me hubieran pedido tener una pequeña participación. Había estado viendo algunas implementaciones realmente maravillosas de dones espirituales, palabras de conocimiento en específico y sabía, que aunque siempre habían estado disponibles para nosotros, eran un nuevo concepto para la gran mayoría del cuerpo de Cristo.

Sin embargo, el día del evento (9 de abril del 2016), me sentía menos entusiasmado. ¡Casi no tenía nada que decir!, había orado durante semanas pidiéndole a Dios por cualquier cosa, tratando de entregar mi corazón para ese momento, por lo general me llegan pistas, pensamientos o incluso palabras clave para anotarlas con anticipación; pero… no me llegaba nada.

Una hora antes, que se suponía que debía subir al escenario, le comenté al director del evento que no contaba con ninguna manifestación importante, y le sugerí que se saltaran mi espacio porque no había escuchado nada que fuera lo suficientemente importante como para dar un paso de fe en frente de un público tan grande. Se negaron y me dijeron que les encantaría que lo intentara de todas maneras.

Entonces, quedé embelesado con una canción de alabanza (una de las muchas que tocaron ese día), y sentí como todas mis expectativas enfocadas en dar una buena presentación se desvanecían. Me concentré en el propósito principal de formar parte del evento: amar a Jesús y amar a las personas. El amor de Jesús hacía mí se sentía tan maravilloso en ese momento que me olvidé de todo lo demás, ahí fue cuando algunas palabras entraron a mi corazón y a mi mente, sólo unas cuantas, pero sabía que podían ser importantes. Describiré el proceso más adelante, pero sólo piensa que yo estaba tan sorprendido como todas las demás personas. Había orado durante meses para que llegara algo y en un simple acto de amor hacia Él, y al enamorarme de la multitud…algo sucedió.

Conozco a muchas personas del ministerio que tienen mucha seguridad, pero yo no me sentía así ese día, no me sentí tan seguro cuando subí al escenario; tenía mis notas en mi teléfono celular, sabía que eso podía ser mal visto por personas que no entendían o que no creían en la profecía, pero yo necesitaba ese marco de referencia, y la lluvia que llenaba el estadio había arruinado cualquier posibilidad de usar un libro, sin embargo, vivimos en una era de tecnología, así que siempre utilizo un teléfono o un iPad para escribir mis notas.

Compartí mi primera palabra en forma de pregunta, pidiendo a la gente algunos detalles específicos que describían la vida de alguien más, palabras de conocimiento que tenían que coincidir con alguien que se encontrara ahí.

"¿Hay algunas personas llamadas Kenneth Ray y Patricia Lou que vinieron juntos?"

Le pedí a la gente que levantaran y agitaran sus manos en el aire para avisarme si alguien allí coincidía con estas palabras. Recuerda, estamos hablando de una multitud de sesenta y cinco mil personas, y yo, estaba buscando cuatro brazos levantados.

La gente también empezó a mirar a su alrededor, estas palabras eran tan específicas que sabía que: ese hombre y esa mujer estaban ahí o esto no era de Dios, vaya manera de tomar un riesgo frente a un enorme grupo de personas, escuché gritos mientras a través de la multitud la gente señalaba hacia una pareja que estaba agitando sus manos. Todo el mundo se emocionó mucho. Eran una pareja casada y mis palabras eran sus primeros y segundos nombres. Entonces pregunté por otros cuatro nombres, que eran los nombres de cuatro de sus cinco hijos. ¡Todos enloquecimos sabiendo que esto era Dios!

"Dios está sanando una lista de molestias en tu cuerpo que ocurrieron durante tu tiempo en las misiones", le dije a Patricia.

En lo que parecía ser inspiración de parte del Espíritu Santo, le dije que Dios iba a enviar a su familia de regreso a Oregón (ni siquiera algunos de sus amigos más cercanos sabían sobre este evento futuro). Compartí con Patricia el nombre de una calle en la que vivió cuando era joven, en pocas palabras, Dios le habló a su familia sobre el lugar en el que se encontraban, hacia qué dirección se dirigían, y cómo iban a tener impacto en el mundo como una familia.

El lugar se convirtió en una sala de estar; estábamos en eso todos juntos. Reímos cuando la pareja respondió al mismo tiempo debido a la alegría. Celebramos que Dios estaba sanando a Patricia. Nos emocionamos cuando llegó la palabra sobre la mudanza, fue un momento en el tiempo en el que todos tuvimos tanta fe en que Dios había simplemente entrado como el viento y había hecho algo que solamente Él podía hacer. Después de varias palabras, oré para que la multitud deseara ansiosamente profetizar.

Creo que la gran mayoría de las personas que estábamos ahí, vimos una sed de revelación ese día. De alguna manera, mi pequeño ejemplo durante esos quince minutos provocó una ola de emoción, esperanza y anticipación de que Dios puede hablar, y que cuando lo hace, es bastante útil y emocionante. Algunos describieron cómo se quedaron en shock y otros hablaron de estar asombrados en cuanto a quién era Dios de una forma que nunca habían sentido antes. Me di cuenta que yo debía ser un puente para esta maravillosa congregación que se había reunido, di un ejemplo de lo que podía ser considerado como un nuevo prototipo de revelación y luego liberé su transmisión y la fe, que espero que tú también obtengas mediante la lectura este libro.

¡Quiero ser un puente viviente entre lo que has escuchado que otros pueden hacer, para que tengas acceso de hacerlo tú mismo, y ayudarte a creer que puedes compartir las cosas que Dios te muestre y escucharlo de maneras muy reales! ¡Él quiere contarte Sus secretos!

UNA ORACIÓN PARA UNA MAYOR MEDIDA

Hace diez años, tuve el privilegio de pasar tiempo con Paul Cain, líder de los grandes avivamientos espirituales de los años cincuenta. Escuché atentamente conforme Paul compartía algunas de sus historias favoritas de su vida como ministro. Había visto a Paul transmitir cientos de palabras a la gente, y una cosa que realmente caracterizaba esa experiencia era como incluía palabras de conocimiento que daban detalles muy reales sobre la vida de las personas, haciendo que éstas sintieran la presencia de Dios y simplemente supieran que Él estaba ahí.

Pero esta vez, mientras Paul compartía yo simplemente tenía fe. Había estado en busca de un ministerio por años, pero las singulares experiencias de Paul con escuchar específicamente la voz de Dios, me hizo desear ser más práctico y relevante en el mundo que me rodeaba. Este anhelo vino de ver el impacto directo que una profecía más específica puede tener. Antes, cuando había observado esto, pensaba que tener acceso a esto se basaba en qué tan talentoso eras, pero ahora algo había cambiado en mí, tuve una revelación a través de la lectura de la Biblia y a través de ver este ejemplo como algo que se encuentra disponible para todos y cada uno de nosotros.

Veía a Paul llevar a cabo su ministerio de una manera muy sencilla y auténtica. Quería pedirle a Paul que orara por mí para ver si yo podría trabajar como él. Quería que Dios me utilizara a través de las palabras de conocimiento de la misma manera en que utilizaba a Paul.

Pienso en el rey Saúl que fue a Silo donde los profetas estaban reunidos y la forma en que Saúl profetizó enérgicamente, tal como lo hacían ellos, porque él se encomendó al Espíritu de Dios que los profetas seguían. Saúl tuvo una impartición o una experiencia de gracia, simplemente por estar con los profetas (los mensajeros de Dios) en ese lugar (ver 1 Sam. 10:10-11).

Ahora bien, la historia de Paul es dinámica. Su madre casi muere de varias enfermedades debilitantes mientras estaba embarazada de él, pero un ángel fue a verla y le dijo: *"No te preocupes, tendrás un hijo llamado Paul"* y luego le hablo del llamado ministerial de Paul. Él fue una señal muy especial para el mundo que lo rodeaba, y era muy raro en su generación. En un momento dado, tenía las reuniones más grandes de avivamientos para sanidad, además de un popular programa de televisión, se reunió con reyes, presidentes, dictadores y políticos que deseaban escuchar lo que Dios tenía que decirles a través de él. No hemos visto a muchos como Paul, de haber alguno, en esta tierra.

Yo, por otro lado, soy normal; mi mamá y mi papá sólo me tenían a mí. No nací bajo ninguna señal, ni con algún sentido extraordinario de un propósito en especial, nunca he sido una de las personas "populares", ni de los mejores... pero he sido una buena persona que ama bien. Cuando le pedía a Paul que orara por mí, sabía que había muy poca probabilidad de que yo recibiera lo que él tenía. Ya me encontraba buscando la profecía con frecuencia porque en su primera carta a los Corintios, el apóstol Pablo nos dice que sigamos al amor como si nuestras vidas dependieran de ello y a "anhelar ansiosamente los dones del Espíritu, en especial la profecía" (1 Cor. 14:1). Siempre me ha encantado ver cómo Dios utiliza nuestra voluntad y nuestros deseos para compartir nuestra fe y hacer algo especial en todas nuestras vidas, siempre he anhelado ver a Dios llegar a través de estos increíbles momentos de profecía y revelación. Pero este hombre, Paul Cain, estaba en otro nivel que parecía simplemente inalcanzable.

Paul accedió orar por mí, y compartió algo que Dios le había mostrado.

"Eres un símbolo de una generación, un recipiente de Dios para mostrarles lo que es posible ", me dijo Paul. *"Tú, Shawn, serás un puente para nuestra generación. ¡Cuando la gente vea tu don, creerán que ellos también pueden hacerlo, y correrán a través de tu fe para acercarse a la profecía de manera enérgica! ¡Dios te va a dar más porque lo vas a regalar!"*

OTRO ENCUENTRO PROVIDENCIAL

Cinco años después de la profecía de Paul, conocí a un hombre llamado James Maloney quien era extremadamente talentoso con los dones de revelación. En nuestra primera reunión, observé como atendía a alguien y le describió, durante quince minutos, el contexto de su vida. El tiempo que pasamos juntos fue muy importante, y terminamos organizando bastantes reuniones entre los dos.

Lo que James hacía era muy detallado; una vez, le dijo a alguien que podía ver su escritorio y un contrato de bienes raíces encima de éste y que no debía venderle al gobierno, sabía cuántos hijos tenía este hombre y pudo compartir consejos para su familia. Después, a través de una palabra de conocimiento, le habló sobre una enfermedad física. ¡Había tanta fe que el hombre sanó instantáneamente!

¡Yo estaba asombrado! Una de nuestras reuniones juntos fue en Nuevo México. James me llamó para orar por mí. Tuvo una de sus experiencias reveladoras, un conjunto de visiones, palabras de conocimiento y lo que él llamaba "la pantalla de una película" frente a sus ojos. Habló sobre un accidente automovilístico que yo había tenido y que me había dejado con problemas constantes en la espalda. Incluso sabía cuántos años tenía cuando ocurrió el accidente y el color del carro. Fui sanado instantáneamente. Desde entonces, nunca he vuelto a sentir ese mismo dolor de espalda. Luego, incluso más sorprendentemente, James me dijo, *"Avanzarás hacia un nivel más alto de revelación y desenvolverás a otros para que también lo hagan. Te llegarán palabras como las que yo recibo en mis experiencias visionarias"* (él utiliza la palabra "panorama" para describir su experiencia). Conforme hablaba, yo sentí el poder entrar a mi espíritu.

Sabía que Dios estaba preparando mi fe para algo más, pero también sabía, que no quería únicamente avanzar en lo profético de una manera más específica y poderosa. Yo quería ver que esta generación acogiera esa poderosa herramienta que es la revelación.

Aquí estaba yo, este hombre que había recibido una profecía sobre mi vida a través de hombres de Dios maravillosos, dos veces. ¡Me encantó la palabra que Paul me dio!, la cual me dio muchísima fe. La palabra profética de James también me transformó. Pero cinco años después de que James habló conmigo, era sumamente normal compartir lo que Dios me mostraba. Eso no significa que no hubo momentos maravillosos. Buscar algo por devoción que Dios realmente quiere para ti y te trae gracia es hermoso. Pero las oraciones de Paul y de James me habían llevado a creer más.

Como ocurre comúnmente en la vida, cuando me llegó la liberación para obtener palabras de conocimiento a mayor medida, no lo estaba esperando. Estos dones espirituales y mi búsqueda hacia ellos seguían siendo una parte de mí, pero estaba iniciando una nueva etapa de mi vida, mi matrimonio, nuestra primera hija, nuestro papel pastoral en la iglesia, nuestro negocio, etc. - no permitían que el mayor nivel de fe hiciera algo más con estos dones que estaban guardados en mi corazón. Cuando estos dones explotaron en mi interior, no estaba preparado y fui quien menos lo esperaba.

Quiero compartir contigo lo que he aprendido al llevar un estilo de vida en el que he buscado los secretos de Dios, especialmente en lo que se refiere a palabras de conocimiento y revelaciones. Considero que esta visión personal no sólo será útil e interesante, sino que además espero y oro para que éstos también den fuerza a tu propia fe.

INTENCIÓN PARA CONOCER EL CORAZÓN, MENTE Y VOLUNTAD DE DIOS

He llevado una vida con la intención de desarrollar una cercanía con Dios. Una de las partes más dinámicas de esto ha sido mi búsqueda de los dones proféticos. Sé que ellos confirman la misma naturaleza de amor de Dios, así que he organizado mi vida para ver qué podría pasar si tan sólo tomara riesgos con lo que yo creo proviene de Dios. La concentración en la conexión con el Espíritu Santo y la búsqueda de una teología sana en cuanto a quién es Jesús, crea la base más maravillosa para convertirte en un receptor de la revelación, debido a que los dones proféticos fueron los únicos que Pablo nos dijo que "anheláramos ávidamente", estoy convencido de que podemos perseguirlos con éxito y descubrir una vida próspera de revelaciones.

El cristianismo en general cree que Dios nos habla. Creemos que Él nos quiere dirigir en nuestras vidas y ayudarnos a conocerlo, así como la voluntad que tiene para ellas. A veces, la palabra "profecía" se vuelve un tanto polémica en algunas partes del mundo religioso, pero ha sido cada vez más aceptada. Sin embargo, las palabras de conocimiento son más raras en la iglesia, excepto en algunos grupos que se dedican al ministerio de la sanidad (la oración para una sanidad sobrenatural). Las palabras de conocimiento no sólo se tratan sobre escuchar a Dios dentro del contexto de la profecía o la sanidad. El don de las palabras de conocimiento nos da la habilidad para saber qué está sucediendo en el trabajo interior de la mente de Dios; y, cuando sabemos qué está pasando en el corazón y en la mente de Dios, tenemos la capacidad de buscar Su voluntad con claridad en cada aspecto de nuestras vidas y del mundo. Conocer Su voluntad puede tener un efecto en tu familia y cambiar tu negocio. Puede cambiar la educación, incluso puede reformar la política.

¡DIOS TIENE SECRETOS QUE COMPARTIR CON NOSOTROS!

Dios tiene pensamientos e intenciones para cada uno de nosotros, nuestras familias, el planeta, los gobiernos y para las profesiones. Las Escrituras nos dicen que Él revela Sus secretos a aquellos en quienes confía. Comunica la información (Sus secretos) sobre otras personas y grupos-secretos que dan nueva forma a la dirección de la vida de alguien o al mandato de un gobierno.

Las palabras de conocimiento, llegan cuando Dios quiere depositar Su sabiduría dentro de nuestros corazones y de nuestras mentes, integrándola a nuestra perspectiva. Me adentraré más en esto en los próximos capítulos, pero por ahora quiero invitarte a iniciar este viaje conmigo… ¿Qué tal si Dios quisiera tener contigo el tipo de relación que te permitiera conocer Sus secretos?, ¿Qué tal si empezaras a escuchar Sus pensamientos más profundos?

Hoy en día en la iglesia, las palabras de conocimiento han sido las menos seguidas de los dones de revelación, y aun así se encuentran dentro de los dones más poderosos que los creyentes pueden practicar. El don de obtener conocimientos a través de la revelación divina nos ayuda a ubicar un momento que nos dice: "Dios es real, Él está aquí, y te ama". Crea un espacio para que las personas se sientan asombradas e incluso sorprendidas por quién es Dios, y por como las ama de manera tan íntima en medio de toda la humanidad. Debido a que toda la humanidad busca ávidamente el conocimiento y la información sobre sus vidas, el conocimiento se convierte en una de las expresiones más valiosas de los dones reveladores de Dios.

Las palabras de conocimiento suenan tan sencillas pero traen con ellas un encuentro pleno con el Dios de todo el universo conforme nos cuenta Sus secretos. Para la persona que recibe la palabra, ésta hace que Dios, siempre presente, se manifieste en el aquí y en el ahora.

¿QUÉ ES UNA PALABRA DE CONOCIMIENTO BÍBLICA?

Pues a uno le es dada palabra de sabiduría por el Espíritu; a otro, palabra de conocimiento según el mismo Espíritu (1 Cor. 12:8).

Muchas personas se confunden con respecto a lo que están buscando cuando piensan en una "palabra de conocimiento" y luego terminan clasificando todo como "profecía". Una palabra de conocimiento es en realidad un aspecto muy diferente del don de la revelación. Permíteme darte algunas explicaciones sencillas que creo que te ayudarán, conforme te sumerjas de manera más profunda en este maravilloso don.

PROFECÍA: es una palabra sobre el futuro, que muestra los planes que Dios tiene para alguien o para un grupo/región/ negocio, etc. Con la profecía, el entusiasmo de la gente radica en el hecho de que Dios los conoce y tiene planes para ellos. Conocer los planes de Dios y el futuro para sus vidas, da a la gente la oportunidad de colaborar con Él para ver que esos planes realmente se cumplan.

PALABRAS DE SABIDURÍA: son verdaderas piezas de sabiduría, que llegan a nosotros para ayudarnos a saber cómo aplicar nuestros planes e incluso otras palabras proféticas a nuestras vidas. Cuando es una palabra, la sabiduría es como una instrucción, piensa en ella como si el cielo te estuviera asesorando sobre cómo planear, buscar quién eres, cuál es tu llamado y a cómo amar a aquellas personas que son parte de tu destino.

PALABRA DE CONOCIMIENTO: incluye la revelación sobrenatural a través del Espíritu Santo sobre algo que es importante para Dios. Aunque no se discierne únicamente, la información incluye hechos específicos que ayudarán a traer el conocimiento de Dios a través de una forma manifiesta a tu vida o a la vida de alguien más con quien estés realizando un ministerio y compartiendo el corazón de Dios.

Si la palabra de conocimiento es para individuos, acercará sus corazones a la mente de Dios. Este tipo de revelación ayuda a las personas a saber lo que Dios está pensando acerca de lo que es importante y valioso para ellos.

Las palabras de conocimiento ayudan a la gente a sentir que Dios los conoce, obligándolas a creer en la verdad de una manera más profunda. De hecho, crea un momento que causa una sensación de asombro o sorpresa, con respecto a lo estrechamente que está Dios involucrado y se preocupa por nosotros. Una palabra hace que Jesús y el sacrificio que hizo en la cruz se sientan de una manera tan viva, es uno de esos momentos en blanco y negro sin ningún indicio de duda o incertidumbre.

Para proporcionar la fe necesaria para su liberación, una palabra de conocimiento puede venir justo antes de una profecía, una sanidad o un milagro ya que la palabra es muy específica o se encuentra muy en sintonía con lo que está ocurriendo en ese momento. En otras palabras, el único Dios verdadero y vivo, aborda o reconoce el mayor deseo o preocupación que tengas en tu corazón. Pareciera decir: "Amo a esta persona más de lo que tú la amas" o "Estoy aquí y te ayudaré".

Las palabras de conocimiento pueden darnos fe para la sabiduría o una aplicación para la revelación. En Colosenses 2:3, Pablo nos dice: "En Cristo están ocultos todos los tesoros de la sabiduría y del conocimiento". Las palabras de conocimientos nos ayudan a atesorar quién es Jesús y a aplicar esta naturaleza en nuestra vida cotidiana, es una revelación en el momento del conocimiento que se encuentra en Cristo.

En los tiempos antiguos del pueblo de Dios, conocer a alguien en un sentido bíblico significaba que tenías una profunda intimidad con ellos, de hecho, la palabra hebrea (yada) para "saber" o "conocimiento" significaba intimidad sexual. Este ministerio no se trata de obtener información; se trata de tener un conocimiento íntimo sobre la mente y el corazón de Dios.

Vemos una de las ilustraciones más claras de cómo Dios descargó el conocimiento natural y espiritual en la vida y en el libro de Daniel. El capítulo uno nos dice que Daniel y sus jóvenes amigos recibieron conocimiento espiritual y comprensión sobre la literatura y el aprendizaje (versículo 17). A través de las palabras de conocimiento, Dios les ayudó a aconsejar al rey y a su reino.

Dios quiere que tomemos riesgos con la profecía y con nuestras palabras, porque éstas ayudan a la gente a sentirse completamente familiarizadas y conectadas con Dios.

Por cierto, no necesitas resumir todos estos términos y definiciones dentro de una ciencia, pero sí diré que cuanto más entiendas lo que estás haciendo, más podrás asociar tu fe a los diferentes aspectos de los dones proféticos. Si quieres aprender todo sobre los dones espirituales, empieza con mi primer libro "Interpretando a Dios", o lee algo de los maravillosos libros de Graham Cooke o de James Maloney.

Conforme leas este libro, quiero alentarte a que veas a Dios en Su magnífico don de las palabras de conocimiento y que busques interactuar con Él de esta forma. Ponte ésto como una de tus metas espirituales. En los días futuros, los cristianos que empiezan a escuchar la mente y el corazón de Dios sobre eventos actuales, experiencias pasadas de las personas y todas las cosas intermedias, serán uno de los recursos más valiosos para asesorar al mundo en general.

JESÚS REVELA LA NATURALEZA DE DIOS

A través de sencillas palabras de conocimiento y sabiduría profética, Jesús se ganó a muchos espectadores influyentes. Piensa en Su interacción con Zaqueo, el odiado cobrador de impuestos, este hombre fornido y de corta estatura deseaba tanto tener una audiencia con Jesús, que se subió a un árbol de sicómoro para tratar de verlo. Lo que no sabía era que Dios quería reunirse con él aún más de lo que Zaqueo deseaba ver al Salvador. Nuestro amigo Zac esperaba llamar la atención de este Jesús que parecía tan auténtico, pensaba que tal vez podría ser quien todo el mundo decía que era, pero creía que probablemente lo pasaría por alto.

Entonces, sucedió… Jesús miró hacia arriba para ver a Zaqueo colgado de un árbol y le llamó por su nombre: "Zaqueo, ¡baja y prepara tu casa para una de mis visitas!"

Como cualquiera de nosotros que ha sido llamado por esa voz de amor, que dice miles de cosas utilizando tan sólo unas cuantas palabras, Zaqueo se sorprendió, emocionó y sintió miedo, todo al mismo tiempo. Pero sabía que era su momento. Algunas de las personas religiosas que se encontraban en la multitud intentaron difamarlo ante Jesús: "¡No vayas a estar con ese ladrón, con ese hombre indigno!, si supieras quién es, nunca pondrías un pie en su casa." No queriendo perder esa oportunidad, Zaqueo se defendió a sí mismo, pero Jesús lo validó diciendo: "voy a ir, no te preocupes". Jesús no veía lo natural, estaba compartiendo el cariño, el amor y la visión de Su Padre por este hombre que podía ser pequeño, pero que era tan importante para el Dios del universo, y en ese momento, Zaqueo lo sintió. El hombre que venía del cielo lo conocía por su nombre. ¡Su vida nunca sería la misma!

Piensa en todas las personas que asimilaron este momento, especialmente aquellos que se sentían indignos de la conexión con Dios y con otros. En ese único momento revelador, Jesús le mostro a cientos, sino es que a miles de personas que eran amadas, y que eran importantes. De repente, tenían la esperanza de una oportunidad para conectarse con Dios.

A lo largo de los Evangelios, vemos que Jesús obtiene palabras de conocimiento que no se refieren solamente a conocer el nombre o la información de alguien. Sus palabras validaron la identidad de una persona y la hicieron sentir importante para el mismo Dios. Todo el mundo conocía a Zaqueo en esa ciudad o en esa región, era el principal recaudador de impuestos, conocido por sus torcidas prácticas comerciales, pero el momento que cambió su vida para siempre, probablemente renovó la imagen de Zaqueo en muchos corazones. En la medida que vieron a Jesús preocuparse por él, la identidad de Zaqueo se transformó frente a sus ojos, lo vieron como una persona y no sólo como un mal necesario.

Sólo puedo pensar que esta palabra de conocimiento creó un cambio en el clima espiritual de Jericó, ¡y fue una palabra tan sencilla!, aquellos que se quejaban de Zaqueo tenían dos opciones: 1. cambiar su opinión sobre él o 2. Cambiar su opinión sobre Jesús.

Si buscas las palabras de conocimiento, te darás cuenta que el don de conocer los pensamientos de Dios cambia el lente a través del cual ves a las personas y a las culturas. Las palabras de conocimiento validan el amor de Dios por la gente, que otros no pueden ver bajo esa luz. De hecho, obtener el conocimiento de Dios realmente te da los ojos para ver cosas que nunca hubieras visto sin Su perspectiva. Es como ver otro color que nadie sabía que existía.

Tengo una noticia emocionante para ti: *¡Si lo buscas, crecerás en las palabras de conocimiento!*, ya que es un don que podemos desarrollar como cualquier otro don espiritual. Escribo este libro para darte fe, un ejemplo de la vida real, y las Escrituras para tu propio viaje con la voz de Dios. Quiero verte ir tras este don maravilloso, que hace que el mundo se sienta tan conocido y tan querido por nuestro Padre que está en los cielos. Quiero ayudar a prepararte para tener un enfoque exitoso, en donde la meta principal no sea sólo acerca de trabajar en un don, sino sobre conocer el corazón de Dios. El don sirve a tu conexión con Dios.

Pero, al igual que la búsqueda de una relación, no es un proceso de cinco pasos, escuchar a Dios está conectado con conocer a Dios, y eso implicará más que sólo dar tus definiciones. Deseo que tu corazón y tu mente estén preparados para seguir la cultura del corazón de Dios, esto establece la base para escuchar palabras de conocimiento, nos enseña cómo caminar por un maravilloso viaje profético y empezamos a entender cómo relacionar a Dios con el mundo que nos rodea.

EL IMPERMEABLE AMARILLO

Una de las cosas que me encantan sobre las palabras de conocimiento es la manera en que Dios las utiliza para afirmar algo que alguien pudiera ya estar sintiendo. Uno de mis momentos favoritos fue hace algunos años, estaba en el asiento trasero de un carro en camino a una cena para conocer a algunos amigos de mi familia, era una pequeña e inofensiva reunión social para tan sólo compartir alimentos y conectarnos.

Estaba jugando en mi celular cuando vi una imagen en el ojo de mi mente, en mi cabeza, pude ver claramente a mis amigos James y Susan. La imagen mental permaneció ahí, y pronto me di cuenta que no era sólo una memoria al azar. Dios estaba tratando de llamar mi atención.

"Dios, ¿estás tratando de decirme algo?", pregunté, todavía concentrado en la imagen.

Fue entonces cuando recibí lo que sentí fue información proveniente directo del corazón y de la mente de Dios, para un James y una Susan diferentes. Inmediatamente sabía información acerca de ellos, es difícil de explicar, pero era como si estuviera compartiendo tan profundamente los pensamientos de Dios que se sentían naturalmente orgánicos en mí. Lo que había en Su imaginación y en Sus pensamientos se había fusionado con lo mío. Mucho de lo que vemos son imágenes de palabras en nuestra cabeza, eso es lo que pasó en este momento.

Podía ver a dos niños, llamados Olivia y Sam, y a esta pequeña familia batallando económicamente, entonces vi un impermeable amarillo. No tenía idea de qué se trataban estos pensamientos, pero sentía que pertenecían a algunas de las personas con las que me reuniría esa noche. Comencé a orar y a esperar tener la oportunidad de preguntárselo y posiblemente orar por ellos sobre esta información reveladora que estaba tan desconectada de mi conocimiento natural sobre ellos.

Los amigos con los que nos íbamos a reunir habían traído a otra pareja con ellos a la cena. Me dio gusto conocer a esta hermosa pareja, pero sabía que ésta no era tan sólo una linda reunión social cuando me dijeron sus nombres: Jim (James) y Sue (Susan), realmente no sabía qué hacer con la experiencia que había tenido en el auto, así que, solamente esperé y disfruté de nuestro tiempo juntos.

Pasamos una gran noche socializando, y en algún momento esta pareja mencionó que tenía hijos pero realmente no hablaron mucho de ellos. Sus palabras me inspiraron para tomar un riesgo. Pensé para mí mismo: *"Si alguien tuviera algo hermoso que decir que me diera esperanza para mis hijos, desearía que tomaran ese riesgo"*. Reuní el valor para hablar y le dije a nuestro pequeño grupo: *"Chicos, ¿puedo robarme la conversación por un segundo para contarles algo que recibí en mi espíritu? Sé que todos aquí somos cristianos, pero ¿quiero saber si puedo compartir una percepción espiritual que sentí de parte de Dios acerca de su familia?"*, parecían abiertos a ella, actuando como si fuera completamente normal que ellos hicieran este tipo de cosas, aun cuando yo sabía que no era así.

"¿Sus hijos se llaman Olivia y Samuel?", pregunté.

Ellos sonrieron y asentaron con la cabeza, tratando de averiguar cómo sabía yo esto. Sé que supusieron que mi amigo me lo había dicho. Mis anfitriones sabían que yo no conocía el nombre de sus hijos y estaban disfrutando el momento profético.

"Siento como si Dios me estuviera mostrando que han pasado por la batalla económica más difícil de su vida pero que Él está con ustedes y que los va a ayudar, especialmente con Olivia y con Sam. Está dispuesto a que ellos tengan una vida plena de educación y también de experiencias de vida. Dios quiere darles nuevamente viajes épicos, como sus vacaciones en Europa y su viaje familiar a Israel".

"Entonces vi un impermeable amarillo, y estaba siendo doblado y tenía una etiqueta con el precio. Vi que lo vendían a un precio muy alto y los vi a ustedes entrar a una enorme planta manufacturera, con planes para un nuevo y mucho mejor impermeable que tiene distribución global".

Se sentaron sorprendidos. Sue lloraba suavemente. *"¿El impermeable significa algo para ustedes?"* pregunté. Ellos asintieron con la cabeza y explicaron que eran copropietarios de una empresa llamada Impermeable (Rain Jacket), en esos momentos se encontraban en una demanda contra otros propietarios, que habían estado arruinando sus vidas, habían estado orando sobre vender su participación y empezar en algún otro lado. Eran cristianos maravillosos que estaban orando por esta situación, pero que no sabían que podían escuchar la opinión de Dios en cuanto a este tema, en conclusión, su intuición (yo lo llamaría su "consejero" espiritual) les decía que tenían un mundo entero de oportunidades frente a ellos si vendían su compañía; pero no sabían cómo dar ese paso riesgoso, aun cuando creían que eso era lo correcto.

Ahora bien, a través de esta palabra, ellos supieron que Dios les estaba diciendo que estaba con ellos, que Él se preocupaba por su familia, que amaba a sus hijos por sus nombres, y que podían recrear ese éxito a un nivel más amplio. Supieron que Dios aprobaba su deseo por tener una vida realmente buena y que la palabra profética, incluso había mencionado viajes que habían disfrutado. Ahora sabían que podían tomar el riesgo.

"Hacía dos años que no me sentía tan bien ni tan ligero," dijo Jim. *"De hecho, no sé si alguna vez había sentido a Dios tan cerca de mí".*

Sue nos compartió como se había sentido devastada de saber que iban a tener que sacar a los niños de su escuela el próximo año porque ya no la podían seguir pagando, se veía tan aliviada con respecto a su vida y a su futuro.

Me encanta cómo Dios nos ama a través de las palabras de conocimiento.

¡DIOS MANIFIESTA SU PRESENCIA EN EL AHORA!

Desde que era pequeño, observé como una palabra de conocimiento podía cambiar la vida de una persona. Como una palabra podía totalmente traer al Dios que es sobrenatural y Omnipresente a una experiencia en donde manifestara Su presencia en el presente de la vida de alguien. Sabemos que Él está en todos lados al mismo tiempo, lo que de alguna forma parece algo impersonal para una generación que anhela estar muy conectada a Él, pero también está el hermoso hecho de que Jesús, en Juan 16, nos prometió tener una relación con el Padre como la que Él tiene a través del Espíritu Santo – el Espíritu que puede manifestar al Dios Omnipresente en los momentos "de ahorita" de nuestras vidas

Dios elije venir en nuestros días y visitarnos. Me encanta el Salmo 118:24: *"Este es el día que el Señor ha hecho, y me regocijaré y me alegraré en él"*, este verso describe cómo debemos vivir gozosos y agradecidos, la misericordia de Dios es nueva cada mañana y cada uno de los días que vivimos son recipientes que nuestro enorme e infinito Dios utiliza para llenar el tiempo y el espacio con Su bondad. A medida que lo conocemos, empezamos a ver lo que hay dentro de Su corazón y de Su mente para nosotros en el presente.

Cuando esperamos que Dios esté en el aquí y en el ahora, nos damos cuenta que nuestros momentos pueden y deben ser influenciados por Él. ¿Perdiste las llaves? Él sabe dónde están y puede ayudarte. ¿Necesitas ayuda para tomar una decisión difícil? Él puede sembrar Su conocimiento y sabiduría profundamente en tu corazón. Creemos en una relación con Dios que tiene implicaciones espirituales extremas, pero que también afecta nuestra vida práctica diaria. Comprometerte con el don de las palabras de conocimiento te conectará a Él de maneras profundas a lo largo de los días cotidianos de la vida.

Si leíste mi libro anterior, *Interpretando a Dios,* sabes que mi pasión y llamado es usar historias, ejemplos, filosofía y teología para transmitir principios específicos que nos ayudan a ver los secretos de Dios a nuestro alrededor. Los dones proféticos han sido uno de los temas más incomprendidos, así que tratar de cuantificarlos no es una tarea sencilla. Espero que tengas el maravilloso valor para intentar probar con las palabras de conocimiento. Si lo haces, incluso podrías cambiar al mundo. Mis libros de trabajo proporcionan un "cómo hacerlo", pero este libro tiene la intención de ablandar tu corazón y llevarlo por un camino de conexión con Dios, estableciendo el objetivo correcto para este propósito.

En el próximo capítulo, veremos algunos de los atributos y características de una vida llena de palabras de conocimiento.

2

LO HERMOSO DE UNA VIDA LLENA DE PALABRAS DE CONOCIMIENTO

M e encanta la manera en que Dios toma algunos de nuestros pensamientos o manda inspiración a nuestra imaginación con ideas e imágenes, y finalmente crea una hermosa historia con todos ellos, para mostrarnos que Él es real en nuestra vida ahora.

Eso fue lo que ocurrió mientras llevaba a cabo mi ministerio en la Iglesia Internacional de Las Vegas, los pastores de esa iglesia, Paul y Denise Goullet, son muy queridos por nosotros y me habían invitado a ministrar en su iglesia. Aún no había escuchado la voz de Dios esa noche (no me gusta enseñar sobre un tema y luego no poder dar un ejemplo o una activación de éste), sin embargo durante el maravilloso servicio empezaron a llegarme algunas imágenes y palabras clave, y las anoté. Una de mis historias favoritas de esa noche tiene que ver con una familia de la iglesia, cuando los mencioné, dirigiéndome a un miembro de la familia por su nombre, repetí una fecha, la cual terminó siendo la fecha de nacimiento de la persona. Después mencioné otro nombre y otro apellido. Inmediatamente, sus amigos más cercanos se quedaron sin aliento. Me dijeron que era el nombre del asesino de su primo, este hombre obviamente había provocado una enorme ruptura en la familia, entonces les di algo de información que sólo la familia conocía y entendía.

"Ofrezcan a este joven y el dolor que les ha causado, a Dios", les dije.

"Dejen que Dios se haga cargo de él, y así lo hará. Les quitará este dolor si se lo ofrecen a Él."

He acortado esta historia para dejar fuera algunos detalles privados, pero el verdadero propósito de mi tiempo con esta familia, especialmente con esta persona joven, refuerza la naturaleza redentora de nuestro Dios. Esta chica había estado lidiando con tantas cosas y estaba visiblemente agobiada por el asesinato de su primo. No tenía ningún cierre. Ahora bien, ella finalmente había deseado que Dios viera la situación y la manejara, podía confiar en que Dios hiciera justicia…, finalmente, esta jovencita sintió una verdadera liberación.

En su evangelio, Juan comparte las palabras de Jesús, recordándonos Su poder y promesa de arreglar las cosas en un mundo fragmentado:

Yo les he dicho estas cosas para que en mí hallen paz. En este mundo afrontarán aflicciones, pero ¡anímense! Yo he vencido al mundo. (Juan 16:33, ESV).

Me encanta cómo Jesús comparte aquí su corazón a aquellos que lo escuchan y confían en Su voz, Él les promete crear un lugar de paz, incluso durante tiempos difíciles y de dolor. Su verdad nos ofrece la confianza de que Dios está con nosotros, podemos superarlo porque Él lo ha superado, Él fue a la cruz y se levantó de entre los muertos, así que Él ya ha vencido cualquier cosa que podamos nosotros enfrentar. Cuando sabes lo que hay en Su corazón, no tienes por qué temer lo que hay en el corazón de otros o por las tribulaciones de este mundo, cuando conoces el corazón y la mente de Dios, puedes superar cualquier cosa de este mundo

LA REVELACIÓN NOS AYUDA A VER LOS PENSAMIENTOS Y PLANES ORIGINALES DE DIOS

En los 80s, unos amigos queridos, Che y Sue Ahn, fueron a una reunión buscando motivación. Como pastores de una pequeña iglesia, ansiaban saber qué era lo que Dios quería para ellos, su iglesia había estado teniendo grandes expresiones de Dios pero también tenían las tribulaciones cotidianas que conlleva una actividad ministerial productiva.

El orador de la reunión era un prominente ministro viajero que se enfocaba en dones espirituales, recibía revelaciones tan claras y precisas que los líderes de diversas esferas importantes lo buscaban para escuchar lo que Dios les podía estar diciendo. Che y Sue habían estado cerca de este tipo de personalidades proféticas antes, pero lo específico que este hombre era en sus palabras de conocimiento realmente llamó su atención. A lo largo de la noche, se quedaron atónitos conforme este hombre profetizaba a la gente de maneras tan específicas que parecían decir: "Esto es para ti". Todo aquel que recibió una profecía sintió el milagro de la presencia manifiesta de Dios. Dios estaba en la habitación, ¡y Él cuidaba de ellos!

Entonces, este ministro preguntó a la multitud, "¿Hay aquí un Che y una Sue?", ¡Mis amigos estaban sorprendidos!, nadie sabía que estarían allí. Él de hecho supo sus nombres a través de una palabra de conocimiento y les dijo que Dios estaba con ellos. ¡No podían creer que supiera sus nombres! Che es un nombre coreano – un nombre para nada común dentro de una multitud predominantemente caucásica. No había manera de que este ministro pudiera haberlos sabido o incluso estar enterado de que estarían allí. Su pregunta envió una ola espiritual de la presencia de Dios a través de Che y de Sue: Dios los conocía por su nombre.

Era lo que desesperadamente necesitaban escuchar, mis amigos estaban pasando por una etapa incierta de su vida y de su ministerio y el saber que Dios estaba con ellos – que realmente estaba con ellos – les dio la seguridad absoluta. ¡Me encantó que eran pastores y necesitaban una palabra de Dios!, su búsqueda desesperada es inspiradora para todos nosotros que deseamos saber que Dios está con nosotros.

Ese pequeño apoyo – el hecho de que Dios supiera sus nombres sostuvo a Che y a Sue a lo largo de años de emprender un movimiento religioso que ahora tiene más de veinte mil iglesias afiliadas. Che me narró su historia, enfatizando el poderoso impacto que tiene una sencilla y reveladora información en el corazón de alguien que ama a Dios. Al sentirse seguro de que Dios lo conocía por su nombre, a través de los años un ministerio próspero, Che reflexionó sobre estas cosas en su corazón; no importa que tan maduros seamos o que tan profunda sea nuestra relación con Dios, siempre nos caerá bien otro momento de: "¡Te amo eternamente!".

La revelación nos ayuda a ver los pensamientos y planes originales de Dios para la humanidad, restaurándonos hacia nuestro destino de conexión con nuestro Creador y Salvador, una conexión que trae vida eterna. Las palabras de conocimiento nos ayudan a saber que somos parte del plan original y de los pensamientos de Dios y que Él se preocupa profundamente por cada aspecto de nuestras vidas. Ninguno de nosotros es un error. Dios ha pensado y planeado con anticipación cada complejo detalle de nosotros. No importa que hayamos hecho para sabotear nuestras vidas o lo que el enemigo haya hecho para tratar de destruir el plan de Dios antes de haber sido salvados, Dios envió a Jesús para restaurarnos a ese estado original del propósito que Él tenía para nosotros.

Las palabras de conocimiento son una de las maneras más rápidas de crear una conexión con el corazón y la mente de Dios. Cuando tú sabes lo que Dios tiene en su mente, como mis amigos Che y Sue lo experimentaron, ¡ese tipo de seguridad te cambia para siempre!

LA ERA DE LA INFORMACIÓN

Vivimos en la Era de la Información, en donde la información es el rey, en cierta forma, la información llega de una manera muy fácil, pero en otras, es tan valiosa que las empresas pagan billones al año reuniendo información por todo tipo de diferentes razones como: demográficas, de seguridad, marketing, educación, la información es el combustible y el avance de tantas áreas de nuestras vidas.

De hecho, eso es lo que es el marketing, businessdictionary.com nos dice que el marketing está basado en pensar en el negocio en términos de las necesidades del cliente y de su satisfacción.[1] Si tienes un producto que introducir al mercado, la información tendrá un papel importante para llegar a los consumidores que podrían estar interesados en comprarlo. Necesitarás saber todo sobre la gente que es probable que vaya a usarlo, cómo lo van a usar, y cuándo lo van a usar. Por ejemplo, un político que está tratando de encontrar un lugar en el gobierno, necesitará conocer a su partido así como a los otros partidos involucrados en su sistema para representar los problemas actuales de manera relevante. De igual manera, un pastor tendrá que tener una comprensión de la ciudad o región que pastorea y no sólo la congregación local.

A través de toda la humanidad, nos seguimos dando cuenta que entre más información tenemos, más exitosos somos en determinado campo. Mientras más información tengamos sobre las personas directa e indirectamente involucradas en nuestra área, más influencia tendremos, mientras más conozcamos a los demás, más impacto tendremos en ellos. El conocimiento es clave.

Habiendo dicho ésto, ¿te has dado cuenta que las personas han empezado a sustituir la información y el conocimiento por las relaciones?, algunas iglesias incluso han seguido el camino de algunos negocios y políticos, son administradas a través de estructuras u organizaciones más que a través de relaciones y de una cultura familiar, en lugar de buscar tener una conexión

---

[1] *www.businessdictionary.com* ||Definición de Marketing

profunda con su gente, buscan saber más sobre ésta para poder llenar una necesidad. Las necesidades de la comunidad se cubren, pero a veces algunos temas más profundos siguen siendo ignorados y descuidados.

Enfocarse en cubrir las necesidades de la comunidad más que en facilitar la transformación espiritual nos ubica en una mentalidad de resultados. Las personas se adentran en un modo de resultados porque no quieren ser vulnerables en formas que puedan afectar la capacidad de la iglesia para cubrir necesidades. Cuando las Iglesias se enfocan en la transformación espiritual, permiten que la gente comparta sus debilidades o aspectos vulnerables y como resultado la comunidad entera crecerá.

A veces, los dones proféticos en la iglesia de hoy en día imitan esta mentalidad de resultados. Hemos inyectado estas palabras espirituales dentro de organizaciones y personas en formas que fijan metas por resultados. Decirle a la gente lo que debe hacer o darle instrucciones que no necesariamente los ayudan a actuar como cristianos, o llevarlos a una transformación espiritual, puede provocar una motivación con un propósito, esto a veces surge debido a una falta de identidad. La profecía es sumamente hermosa porque no está destinada a centrarse sólo en el conocimiento, en vez de eso, a través de las palabras de conocimiento, le damos a la gente una imagen de lo que pueden ser, o de lo que pueden lograr, a través de su relación con Cristo. Vamos mucho más allá que tan sólo darles información.

LAS PALABRAS DE CONOCIMIENTO NOS AYUDAN A ROMPER CON EL MODELO DE RESULTADOS

Yo creo que Dios está dando palabras de conocimiento a esta generación como la principal manera de manifestar el resto de Sus dones proféticos, quiere romper con las maneras manipuladoras en que usamos la información natural y espiritual para avanzar, para ayudarnos a salir de una mentalidad de resultados. En otras palabras, Dios no sólo quiere decirnos qué hacer o llenarnos sólo de conocimiento. Él quiere que Sus palabras comuniquen Su amor y Su devoción por nosotros: *Yo los he amado con un amor eterno. Sé tu nombre y tú eres mío. Tengo planes para ti para siempre, no sólo durante esta vida. No hay nada que puedas hacer para ganar mi amor.*

De una forma muy real, Dios utiliza la información, de hecho es de una forma que el mundo no siempre elige, para de este modo poder validar nuestra identidad y Su amor por nosotros.

Los dones proféticos, deben mostrar: primero amor, aceptación, misericordia, compasión y la naturaleza de Dios a quien quiera que esté recibiendo la profecía. En cambio, durante años, las personas han hecho mal uso y mal manejo de los dones proféticos como un medio para encontrar su identidad a través de sus "resultados".

Todos hemos presenciado u oído hablar acerca del mal manejo de los dones proféticos, desde: "Dios te va a juzgar si no haces tal y tal cosa" hasta: "Tú destino es desempeñarte en esta función ministerial o en tal título de negocios", "Tienes un llamado para dejar todo e ir a diferentes países". Estas palabras podrían no parecer esencialmente malas (he compartido los dos últimos ejemplos de diferentes formas con las personas). Sin embargo, cuando no provienen de alguien, o no son para, una persona que actúa a través del amor a la gente o que nutre una relación con Dios más allá de su misión en la vida, se convierten en palabras impulsoras que realmente juegan con nuestros problemas de identidad social.

Dios no sólo quiere difundir la información para que tengamos nuevos conocimientos que asimilar e integrar a una vida productiva. El principal enfoque de la revelación no es el de darnos conocimientos para que podamos ser más sabios en cómo maniobrar por la vida (aunque esto ocurre como un efecto secundario). Dios nos da revelaciones para manifestar quién es ÉL y quiénes somos nosotros para Él. De la misma forma, el Padre envío a Jesús al mundo para revelar una imagen redentora y restaurar nuestra relación con Él. Dar o recibir palabras de conocimiento es mucho más que un incentivo o una motivación por cómo vivimos nuestras vidas; este don pone a Dios en el centro de ellas, conforme Él se convierte en nuestro principal deseo y objetivo.

LAS PALABRAS DE CONOCIMIENTO REVELAN LA MENTE DE UN DIOS AMOROSO

He seguido los dones proféticos toda mi vida, especialmente para profetizar para otros; esto ha marcado mi enseñanza y mi ministerio de misiones. Hace algunos años, empezaron a llegarme palabras de conocimiento que me llevaban a recibir otras palabras. Empezaba con una combinación de unos cuantos detalles que por lo general se aplicaban de manera muy específica a alguien que yo no tenía idea que estaría ahí.

Cuando le daba a las personas palabras proféticas o los atendía de manera individual, notaba un patrón de cómo el amor de Dios se revelaba inmediatamente.

Primero, escuchaba que Dios me daba fechas, principalmente las fechas de nacimiento de las personas por las que oraba. Les preguntaba a todos si la fecha significaba algo para ellos y muchas veces me dijeron que era su cumpleaños. ¡Esto me encanta! Millones de años antes de que naciéramos (o incluso muchísimo antes de que naciéramos ya que Dios es eterno), Dios sabía que nos iba a crear, a través de las fechas de nacimiento, Él reconoce que tan bien planeados fuimos y cuanto pensaba en nosotros, a todo el mundo le gusta escuchar: "¡Feliz cumpleaños! Celebro tu vida".

Hace algunos años, mi familia me llevó a un viaje entre adultos para celebrar mi cumpleaños y de todos los lugares a escoger, fuimos a Disneylandia. Era mi cumpleaños número 38. Cualquiera que haya ido a Disneylandia a celebrar su cumpleaños probablemente sabe que hay que ir a servicio a huéspedes para que te den un broche brillante y personalizado que diga: "Feliz Cumpleaños" para usar todo el día, pero me quedé enormemente sorprendido cuando me dieron un broche de cumpleaños que tenía mi nombre.

A todos lados a los que fui, todos los miembros del reparto (así es como Disney llama a sus empleados) que veía me daban una gran sonrisa y me decían"¡Feliz Cumpleaños!", a lo largo de todo el día, me sentí como un niño que acababa de encontrar el casillero de Davy Jones lleno de tesoros ocultos. Fue una lección increíble. Esos saludos de cumpleaños decían algo que iba más allá que "¡Feliz cumpleaños!" decían además: "¡Te veo!, ¡Tu vida es importante!". Mi nacimiento no fue casualidad, el mundo que me rodeaba reconocía que este evento era importante, sorprendentemente, mi lenguaje de amor (lo que te hace sentir amado) no son "palabras de afirmación", sin embargo, ese día en Disneylandia todos esos saludos de "¡Feliz Cumpleaños!" me alentaron cuando pensé en el amor de Dios por mí tan solo con esas dos palabras.

Así es como una palabra de conocimiento debe hacerte sentir: *Tu vida tiene significado. Eres el favorito de alguien. Tienes un Dios que quiere pasar la eternidad contigo. Eres amado y además de eso, naciste por una razón. Eres celebrado. Puedes hacer aquello para lo que naciste. Tu naturaleza y tu personalidad son dignas de conexión. Tu familia es mejor porque estás vivo. El mundo se ha visto impactado y cambiado debido a tu existencia.*

Aún recuerdo una de esas reuniones a la que me invitaron y en la que la belleza de un nombre y un cumpleaños cambiaron la vida de una joven. La líder del servicio, mi amiga Cody y yo estábamos llevando a cabo el ministerio los dos juntos, en un momento dado, escuché una fecha conectada a un nombre: "Bárbara". Cuando pregunté si había alguna Bárbara con esa fecha de nacimiento, una adolescente que se encontraba entre la gente comenzó a llorar histéricamente, conforme le daba la palabra que Dios tenía para ella, sus amigos empezaron a orar por ella. Más tarde, Bárbara se me acercó y me dijo que durante un año le había preguntado a Dios: "¿El que yo haya nacido tiene algún significado?, ¿Puede mi vida marcar una diferencia para alguien en la Tierra?, ¿Tan siquiera importo, o soy simplemente otra persona que creaste?", cuando mencioné su nombre y su cumpleaños, las ideas suicidas que esta adolescente tenía se fueron, ella se sintió escuchada por el Dios del universo, su vida tenía un significado increíble y ahora lo sabía.

Después de los cumpleaños, también empecé a escuchar las fechas de aniversarios. Recuerdo la tercera vez que esto ocurrió de manera muy específica, le pregunté a una pareja si el 17 de Junio tenía algún significado para ellos y resulta que era su aniversario de bodas. Les dije: "Dios ama muchísimo su matrimonio, y los escogió el uno para el otro". Los dos rompieron en lágrimas. Me contaron que se encontraban en una etapa muy difícil de su matrimonio. Las palabras de conocimiento sanaron años de desconexión al darle a esta pareja muchísima esperanza, Jesús amaba su matrimonio. ¡Podía volver a ser un matrimonio bueno!

En otra ocasión, le pregunté a un hombre enfrente de toda una iglesia si cierta fecha significaba algo para él.

"No en particular", dijo.

Pensé que me había equivocado hasta que él y su esposa regresaron al día siguiente para decirme que era la fecha de su aniversario, ella no había podido estar en la reunión pero la había visto por internet y estaba horrorizada de que a él se le hubiera olvidado. Tal vez el propósito de esta palabra era ayudarle a siempre recordar su aniversario. (¡Me alegro mucho de no haber sido yo! Todavía sé en qué día me case con Cherie).

La fecha de un aniversario se volvió extremadamente importante en **"El Llamado Azusa"** (el evento histórico que mencioné en el Capítulo 1), compartí los nombres y la fecha de aniversario de una pareja y le pregunté a la multitud si había alguien ahí con esos nombres y con esa fecha de aniversario. El esposo, Montell, estaba ahí, pero su esposa no.

"¡Tomaron la mejor decisión de sus vidas ese día!", le dije.

Lo que yo no sabía era que esta pareja se había dado por vencida en su matrimonio, esa semana, habían planeado separarse oficialmente.

Mediante palabras de conocimiento pronunciadas en un foro lleno de gente, describí cómo la pareja se había conocido y habían empezado a salir y cómo Dios estaba en su matrimonio. No tenía idea de que esta palabra de Dios iba a absorber el dolor de años de rechazo, años de abandono y conflictos. La multitud entera empezó a celebrar su matrimonio y la forma en que se habían conocido.

Después del evento, esta hermosa pareja transmitió un video en respuesta a esa palabra que habían recibido frente a millones de personas que se encontraban viendo la televisión. ¡Su matrimonio valía la pena!, iban a luchar por él.

Después de cumpleaños y de fechas de aniversario, direcciones de calles empezaron a llegarme, la primera vez que escuché una dirección fue la de "Shady Pine Drive". Me encontraba en una reunión pública y pregunte: "¿Alguien vive en Shady Pine Drive?", una mujer gritó. Había estado viviendo aislada de todo el mundo, después de que su esposo murió, se había sentido muy sola y había estado orando y preguntándole a Dios: "¿Me ves?, ¿Sabes siquiera dónde vivo?" y llegué yo, profetizando y gritando el nombre de su calle. Pude haber no dicho nada más, y se hubiera ido sintiéndose segura de que Dios la conocía y había respondido a su tristeza con esperanza.

En otra ocasión, oré públicamente por una familia durante una reunión en la iglesia, comencé por dar direcciones para llegar a su casa. Les dije donde dar vuelta y por qué calles tenían que seguir para llegar a ella.

"*Así es*", me dijeron.

Entonces mencioné su dirección y les dije que Dios los vería allí. Ellos eran líderes de esta iglesia y durante décadas habían acogido a grupos y a familias en su hogar, tenían muchísimas ganas de saber cómo sería la próxima etapa de su vida y de su ministerio. Dios sabía dónde vivían, lo que les dio una enorme ilusión sobre lo que

Él haría después, sabían que sería algo incluso más especial de lo que ya habían experimentado. He aprendido que cuando recibo una revelación sobre una dirección, las personas se sienten valoradas por Dios. ¡Él sabe dónde vives!

Han habido muchos otros tipos de palabras, incluyendo palabras sobre finanzas, familia extensa y ministerio, pero con un énfasis en que la gente sienta que Dios los conoce.

Una noche después de una reunión, Dios me dio una palabra para una pareja que estaba sentada atrás de nosotros en un restaurante local. Me di la vuelta y empecé a jugar con su hija de dos años quien no podía dejar de mirarnos, hice conexión con la pareja, y me preguntaron qué estaba haciendo en esa ciudad. Habían escuchado que estaba de visita, les dije que estaba ministrando en una iglesia local y les pregunté si había algo en sus vidas por lo que yo pudiera orar.

"*Sí, ¡que ganemos la lotería!*", contestó la esposa.

"*Sí*", reí, "*Las noches de lotería desencadenan las más grandes reuniones de oración en América - ¡oración a nivel nacional!*"

No tenía idea de que está pareja estaba atravesando por una difícil crisis económica, entonces tuve una experiencia sobrenatural. Pude escucha un número grande.

"*¿Este número significa algo para ustedes?*" pregunté.

Ambos se mostraron muy sorprendidos. Acababa de pronunciar su número de cuenta del Bank of América. Me di cuenta que tenían miedo y que, al principio, estaban bastante extrañados.

"*Dios sabe el número de cuenta de su banco,*" dije. "*¿No es maravilloso?*"

"*Aunque está vacía*", dijo la mujer.

"Dios me mostró este número, ¡lo que significa que Él está pensando en su economía más que ustedes y que tiene esperanza en ella!, ¡No estará vacía por mucho tiempo si el Dios del universo lo sabe!"

¡Los dos se quedaron sentados con los ojos muy abiertos!, el esposo admitió que él realmente no creía en Dios, pero nuestra conversación había cambiado todo. También insistí en pagar su cuenta, lo que intentaron rechazar.

"¿Qué tipo de nuevo amigo sería si supiera de su situación económica, incluso la información de su banco, y no los ayudara?" dije. *"¡Lo pagaré ahora o lo depositaré en su banco! ¡Tómenlo en honor de la amistad!"*

Los amigos con los que estaba también le dieron algo de dinero a esta pareja y en vez de sentirlo como una caridad, se sentía como si estuviéramos ayudando a nuestra familia.

¡Toda la experiencia debió haber sido absurda para ellos!

Llega un hombre misterioso de Los Ángeles que se sabe su número de cuenta y que tiene un mensaje para ellos de que Dios conoce de sus necesidades y quiere cubrirlas.

Podría seguir y seguir contando historias de cómo Dios me ha utilizado para compartir una fecha o un detalle conmovedor de la vida de una persona. El principio de las palabras de conocimiento es este: *¡Dios piensa en nosotros, nos conoce y nos ama!*

Si escucho una palabra de conocimiento y pronuncio el nombre de un cónyuge, la gente tiende a sentir que se casaron con la persona correcta y que Dios se encuentra en su relación. Si Él revela el nombre de su negocio, las personas valoran más su trabajo. Si comparto el nombre de la universidad de donde se graduaron, la gente encuentra afirmación de que están en el camino correcto para su educación. La lista es larga.

Las palabras de conocimientos nos ayudan a sentir que Dios se encuentra en todos los lugares normales y cotidianos de la vida, hasta que se aparece, entonces los lugares comunes se vuelven extraordinarios e importantes.

Una vez que empiezas a crecer en una vida de palabras de conocimiento, empiezas a escuchar los pensamientos de Dios sobre la humanidad. Esto va mucho más allá que sólo saber información básica de las personas, empiezas a conocer a Dios en la manera que Él quiere ser conocido, empiezas a dar sabiduría, revelación, comprensión y consejos en una manera que sólo un estratega o un consejero experto podrían hacerlo. El objetivo final de las palabras de conocimiento no es sólo dar a la gente palabras especiales. ¿Y si Dios confiara en nosotros para aconsejar a las naciones?, ¿Y si supiéramos que hay en Su corazón con respecto a cosas que la mayoría de la humanidad se muere por saber?

Los dones proféticos no son palabras que hacen cosquillas en los oídos o trucos de magia para personas desprevenidas. ¡Son la conexión con el Dios que nos transforma y que está transformando al mundo (hablaré más sobre ello en los siguientes capítulos)!

LO NEGRO Y LO BLANCO DE LAS PALABRAS DE CONOCIMIENTO

Cuando alguien experimenta un milagro de sanidad, el momento ocurre en tiempo real. La palabra de conocimiento tiene la misma tendencia milagrosa, es Dios mostrándote ahora mismo la información que no hubieras podido conocer o escuchar sin una conexión sobrenatural con Dios.

A menos que tengas tu meta clara, esos momentos blancos y negros pueden crear ansiedad en tu búsqueda de milagros y palabras de conocimiento. Por cierto, en caso de que te lo estés preguntando, la meta es y siempre debe ser: el amor. Si oras pidiendo un milagro de sanidad para una pierna rota, y ésta sigue estando rota, ¿habrás perdido el tiempo? ¡No! primero mostramos amor y aprecio por la persona por la que estamos orando, al hacerlo, le damos a Dios la oportunidad de mover, sanar e incluso proporcionar un milagro. De la misma forma, vale la pena practicar el don de las palabras de conocimiento, independientemente del resultado, este don profético viene de tratar de entrar al corazón de Dios. Practicarlo siempre es un esfuerzo que vale la pena.

Otro tipo de dones de revelación como la profecía, la asesoría, las palabras de sabiduría y las lenguas pueden tardar más tiempo en desarrollarse y necesitan ser interpretadas y estudiadas. Pero el don de las palabras de conocimiento viene con una revelación instantánea · de: "Dios está aquí ahora". La inmediatez del momento puede crear tal asombro sobre quién es Dios. Las Escrituras describen este asombro como el temor al Señor. El instante en que entendemos que Dios está con nosotros y que se preocupa por nosotros nos hace querer estar más cerca de Él y proteger nuestra conexión con Él.

Lo negro y lo blanco de las palabras de conocimiento también entran en juego cuando damos a alguien información que no es correcta. Si le preguntas a alguien si se llama Bárbara y se llama LaShawndra, ella pensará que no escuchaste a Dios. Esto hace que el practicar este don sea de alto riesgo, las apuestas a veces pueden ser muy agobiantes y esta es una de las razones por las que las personas en el cuerpo de Cristo no persiguen este don. Como lo mencionamos al inicio de este capítulo, hemos asociado demasiados "resultados" auto impuestos con los dones de revelación.

A muchos de nosotros nos han enseñado que las personas a quienes les ha sido dado el don de la profecía nacen con él y son infalibles. Esta falacia crea una responsabilidad tan grande en las personas que practican ese don, al igual que para aquellos a quienes se les enseña a creer en él, esta mentira disminuye la fe de los cristianos, les impide buscar y practicar los dones proféticos.

YENDO MÁS ALLÁ DEL DOLOR

Rara vez me arrepiento de algo ahora, pero parte del dolor de madurar, viene de cuando **no sabes cómo ser tú y dejar a Dios ser Dios**. Miro hacia atrás y puedo ver ocasiones en que mi inseguridad hizo que dejara pasar oportunidades. Parte de madurar es sentir una alegría total cuando Dios te brinda oportunidades. Cuando sabes cómo apartarte del camino y ceder, puedes ver la gloria que Dios ha manifestado a través de ti.

Recuerdo caminar por el centro comercial de la localidad y observar a una mujer de otro país haciendo un gran esfuerzo para lograr subir a sus dos pequeños y a la carriola a las escaleras eléctricas, era obvio que los norteamericanos groseros que trataban de pasar por delante de ella la estaban juzgando, por decidir tomar la escalera en lugar de tratar de buscar un elevador (en Estados Unidos, no subimos carriolas a las escaleras eléctricas porque se podrían comer a nuestros hijos). El aire estaba cargado de tensión mientras la gente esperaba impacientemente detrás de ella, irritados por este pequeño acto de que una mamá tratara de subir al siguiente piso del centro comercial, un hombre incluso la empujó para pasar, ignorando completamente su difícil situación y haciendo que tirara una bolsa de su mano. Corrí y tome la carriola y la bolsa mientras ella controlaba a los niños. Para cuando subimos por las escaleras eléctricas, su frustración casi la había llevado hasta las lágrimas. Me daba cuenta que este pequeño incidente representaba una de las muy reales circunstancias por las que atravesaba su familia, me dio las gracias una y otra vez, estaba a punto de alejarme, pero conforme me despedía de sus pequeños, sentí que el cielo tiraba de mi corazón para que me arriesgara.

"¿Puedo preguntarle algo?" dije. *"Estoy recibiendo algo en mi espíritu y ¿quería saber si se va a cambiar de casa pronto debido al trabajo de su esposo?"*

Se quedó sorprendida. *"¡Sí!"*, sin cuestionar como recibí tan especifica información, ella abrió su corazón (lo que parece ser una respuesta común cuando esto sucede) y empezó a contarme toda su historia. Su esposo había sido separado de su familia y del negocio familiar, pero su padrastro se estaba muriendo, así que su hermano había recuperado el negocio. Quería compartirlo con su hermano. Se iban a mudar a Texas a empezar una nueva vida pero ella se sentía nerviosa por la mudanza.

"Al ser de Ucrania nunca he estado en Texas", dijo con un maravilloso acento del este de Europa.

"*¿Tu esposo se llama Steve?*" le pregunté. Dijo que no.

Pude haber parado en este momento, pude haber dejado que mis inseguridades se apoderaran de mí y olvidar que esto no se trataba de mí, sino de Dios que quería decirle algo, y arruinar el momento. Pero sentí un impulso interior: *Sigue con ella, Shawn, no te preocupes por ti mismo.*

Así que lo aposté todo.

"*Soy Cristiano, y siento que Dios me está mostrando que está restaurando la familia de tu esposo y el negocio familiar para dar a tus hijos el legado que por derecho les pertenece. ¡Esta mudanza a Texas es de parte de Él!*"

Tenía lágrimas en los ojos. Parecía que algo dentro de ella había cambiado y que la presión y el miedo se habían desvanecido. Literalmente cayó en mis brazos, abrazándome.

"*No sólo vas a estar bien*", continué, "*sino que además Dios está moviendo todo esto y quiere ayudarte en todo el proceso. Él es bueno*".

Ella me miró y respondió: "*No sabía que Dios pudiera hablar de esta manera*".

Durante los siguientes veinte minutos, ocurrieron dos milagros: compartí el evangelio con ella y ella le pidió a Jesús que le mostrara quién era Él. El segundo fue más sutil, pero como padre, sabía que Dios había intervenido, sus pequeños estaban completamente absortos el uno con el otro y en paz, dándole la oportunidad de hacer preguntas y escuchar, sin ser interrumpida (cualquier padre sabe que eso es un verdadero milagro). Más tarde, me enteré que su esposo ya conocía a Jesús pero que no se había conectado realmente con su fe durante décadas. Eso cambió cuando se mudaron a la tierra prometida por Dios.

En retrospectiva, me doy cuenta de lo mucho que esta historia me enseñó. De todas las cosas que hablé con ella, en lo personal sentí que la conexión más fuerte había sido la revelación en cuanto al nombre de su esposo. Realmente sentí que su esposo se llamaba Steve. No había ningún Steve. Esos momentos pueden ser contradictorios.

He aprendido a no super-espiritualizar todo, y eso me ha rescatado de quedarme atorado en los detalles y tratar de encontrar significado o validación a cada revelación a la que pudiera dar continuidad. Si quieres crecer en el don de las palabras de conocimiento, debes ir más allá de cualquier cosa que no esté funcionando y volver a evaluar.

También debes soltar cualquier orgullo que provenga por estar en "lo correcto". Cuando se trata de dones de revelación, la necesidad de validación o incluso la necesidad de tener la razón es el asesino del crecimiento espiritual, como seres humanos, el orgullo no es lo único, sinceramente he visto a muchas personas quedarse atoradas en esta trampa. Al quedarse atoradas en sus propias revelaciones no validadas, arruinan momentos perfectos que inician a través de sus palabras proféticas.

Muchos simplemente saltan por encima de la gente que no puede corroborar sus revelaciones. He visto a personas compartir palabras espirituales y comportarse como si la persona con la que están hablando fuera la que se encuentra equivocada ("cuando sean más espirituales o tengan tiempo para orar, todo se solucionará"). Es una actitud tan presuntuosa y sin embargo tan frecuente que surge cuando estos dones proféticos muchas veces se ven acompañados de inseguridades.

A pesar de que sentía mucha seguridad con respecto al nombre, no había ningún Steve. He hablado con esta mujer desde ese primer día y el nombre "Steve" nunca ha surgido. No era nada. Debido a que me concentré en las palabras que sí estaban conectando, ella ni siquiera notó este detalle que era incorrecto. Simplemente se sintió tan conocida por Jesús y tan amada por Dios durante esos momentos en los que desesperadamente necesitaba seguridad y estabilidad, a través de la revelación, Dios le dio consuelo ese día mientras estaba parada en un centro comercial y todo se salía de control.

Me siento muy feliz de que Dios haya trabajado conmigo para mostrarme que mi identidad proviene de Él como Su hijo y heredero y no de Su don, me siento agradecido de que no permití que mis inseguridades arruinaran el momento. Decídete a ir más allá de estas inseguridades y problemas al actuar. Creo que encontrarás un gran gozo en el viaje de la revelación.

¿PORQUÉ EL AMOR ES MÁS IMPORTANTE QUE LA PRECISIÓN?

Dado que el ministerio de la revelación se desarrolla de manera diferente en el Nuevo Testamento que en el Antiguo Testamento, sabemos que los dones proféticos no sólo se tratan de dar información a la gente, sino de expresar el amor de Dios al mundo que nos rodea. En el Antiguo Testamento, algunos líderes guiaban al pueblo con palabras que tenían que manejar con un tipo de fe diferente, como una forma de guiar a Su pueblo hacia Su voluntad y deseo, Dios dio a los sacerdotes, jueces, profetas y reyes, instrucciones, direcciones y decretos que trataban acerca de llevar acabo Su voluntad infalible. En repetidas ocasiones, el Antiguo Testamento nos muestra que cuando el pueblo de Dios no escuchaba a sus líderes y obedecían Su palabra, sufrían directa o indirectamente las consecuencias por su rebelión, y si un profeta se atrevía a hablar por sí mismo o incluso a mentir, podía ser (y normalmente lo era), apedreado por su desobediencia.

Los líderes, sobre los que leemos en el Antiguo Testamento, no escuchaban a Dios con una voz sutil y suave, la mayoría de las veces, Su voz llegaba como una instrucción clara o como mensajes completos. Supongo que la mayoría de los líderes sobre los que leemos nunca se preguntaron: "¿Es esta la voz de Dios?", Su voz y Sus mensajes eran por lo general fuertes y claros. Desde Su llamado a Abraham para que abandonara la tierra de sus antepasados hasta su llamado a Moisés para que guiara a Su gente fuera de Egipto, Dios habló de manera muy clara a Su pueblo, por supuesto, en el

Antiguo Testamento, el pueblo de Dios no participaba en la mente de Cristo a través del Espíritu Santo; en lugar de eso, estaban sujetos a que Dios "flotase" sobre ellos, "cubriéndolos" y "eclipsándolos" palabras usadas en todo el Antiguo Testamento para describir la interacción de Dios con Su pueblo antes de que Cristo descendiera a la Tierra.

Antes de Jesús, el modelo de la relación de Dios con Su pueblo se basaba en la obediencia. Era prueba de la devoción de alguien para el Señor y sigue siendo un gran ejemplo para nosotros hoy en día. A lo largo de las Escrituras, vemos al pueblo de Israel ser justificado por la obediencia de sus líderes o condenado por alejarse de Dios.

> *Así que cuando Jesús rompió el silencio de cuatrocientos años de Dios (la cantidad de tiempo entre Malaquías y Mateo, en el que Dios no le habló a Su pueblo), el modelo de cómo le hablaba a Su gente cambió. En su Evangelio, Juan comparte las palabras de Jesús: "El portero le abre la puerta, y las ovejas oyen su voz. Llama por nombre a las ovejas y las saca del redil". (Juan 10:3, ESV).*

En otras palabras, Jesús comparte la forma en cómo nos hablará. Es un buen pastor que nos lleva a verdes campos y dice: "Mi rebaño conoce Mi voz".

Después de su resurrección en al cielo, Cristo prometió a sus discípulos que el Espíritu Santo sería enviado para decirles lo que había en el corazón del Padre. Analiza las palabras de Jesús y Su descripción de la función del Espíritu Santo en nuestras vidas:

> *Tengo mucho más que decirles, pero en este momento sería demasiado para ustedes. Cuando venga el Espíritu de la verdad, él los guiará a toda verdad; porque no hablará por su propia cuenta, sino que dirá todo lo que oiga, y les hará saber las cosas que van a suceder. Él mostrará mi gloria, porque recibirá de lo que es mío y se lo dará a conocer a ustedes. Todo lo que el Padre tiene, es mío también; por eso*

dije que el Espíritu recibirá de lo que es mío y se lo dará a conocer a ustedes. (Juan 16:12-15).

Más tarde, en la iglesia primitiva, vemos ejemplos de cómo los creyentes profetizaron de parte del corazón de Dios. Pablo incluso nos hace un favor y enumera los dones espirituales que nos son dados para edificar el cuerpo. Sin embargo, esto también se encuentra dentro del contexto de un nuevo e innovador tema. Ahora bien, debido al sacrificio y a la expiación de Cristo por nuestros pecados, ya no nos encontramos separados de Dios, apoyándonos en profetas para compartir Su mente y corazón, me emociono cada vez que pienso en este nuevo paradigma, ya que ahora cada uno de nosotros es un sacerdote – capaz, justificado y responsable de cómo escuchamos a Dios. La revelación de alguien más puede únicamente complementar lo que de manera personal escuchamos de nuestro Creador. La revelación no sustituye nuestra responsabilidad de buscar y obedecer Su voz en nuestras vidas.

Mientras que la gente en el Antiguo Testamento estaba sujeta a la autoridad de sus líderes, quienes escuchaban a Dios a través de revelaciones, en el Nuevo Testamento vemos que los dones de revelación pasan a un segundo plano en cuanto a esta autoridad personal. Estos dones, dice Pablo, son ahora para el aliento, consuelo, dirección, edificación, llamado y acercamiento a la mente de Dios, de manera que podamos tomar decisiones prudentes y nos conectemos con el mundo que nos rodea, junto con los deseos de Dios fusionados a los nuestros.

En el Nuevo Pacto, somos responsables ante Dios por lo que escuchamos de Él y por los consejos que deja a nuestro alrededor. Ya no estamos sujetos a escuchar los planes espirituales de alguien más como el mensaje principal para nuestras vidas. No tenemos que ser justificados por un sacerdote o líder en cuanto a nuestra fe.

Casi puedo prometer que cuando llegues al cielo, nadie te llamará por tu nombre y te dirá, "Debiste haber obedecido más a tu pastor". Incluso si nos hacen preguntas, creo que escucharemos preguntas similares a las que Jesús hizo a Sus discípulos:

"¿Aprendiste a amarme y a conocerme?, ¿Llevaste una vida entregada a Mi amor?", al único al que estamos llamados a seguir es a Aquel que dio Su vida para que pudiéramos tener una vida abundante en la Tierra (ver Juan 10:10) y en la eternidad junto a Él (ver Juan 3:16). Nadie es mediador entre tú y Dios Padre, excepto Jesús. La gente que pudo haber sido tu fuente de afirmación en Dios ahora pasa a segundo término que el mismo Dios. ¡Esto es algo maravilloso!

Regresemos a Juan, esta vez como un anciano líder religioso, escribiendo a las personas que han luchado con el desaliento debido a la presencia de falsos maestros: "No necesitas que nadie te enseñe," escribe, "tienes una unción que te enseñará" (1 Juan 2:20). En otras palabras, el Espíritu Santo está aquí para guiarte a ser la versión completa y poderosa de quien has sido llamado a ser, esta versión "final" o "eterna" de ti mismo ha estado en la mente de Dios todo el tiempo, así es cómo Él te ve y como quiere que el mundo te trate.

Como dice en la versión de la Biblia "The Message" en Romanos 2:2, "A diferencia de la cultura que te rodea, siempre arrastrándote hacia su nivel de inmadurez, Dios saca lo mejor de ti, desarrolla una madurez bien formada en ti" (Romanos 8:29 El Mensaje).

Dios sabía lo que hacía desde el inicio. Decidió desde el principio formar las vidas de aquellos que lo amaban de manera similar a la vida de Su Hijo. El Hijo está en primer lugar dentro de la línea de la humanidad que Él restauró. Podemos ver la forma original e intencionada de nuestras vidas en Él.

Juan nos dice que nadie es responsable de que escuchemos a Dios, esa responsabilidad nos corresponde únicamente a nosotros. Nadie es al final nuestro líder, excepto Jesús. Tú puedes escuchar a Dios y percibir su Corazón.

¿Qué significa eso para ti y para mí conforme crecemos al compartir palabras de conocimiento? Lo más importante es que la presión de estar en "lo correcto" desaparece.

Esto ahora modifica las prioridades del propósito de la revelación. No puedo ser apedreado por obtener información incorrecta, pero si, por ejemplo, trato de profetizarle a alguien y me equivoco al respecto y luego no me responsabilizo de estar equivocado, seguro que puedo quebrantar una relación. En otras palabras, mi objetivo principal al buscar la revelación es tratar de conectar el corazón del amor de Dios con el dealguien más. Conforme lo hago, la meta no es entregar la información de la manera más correcta. Es saber lo que hay en el corazón de Dios para esa persona y hablarle con ese valor, tratándola con ese corazón, a veces podría no tener una revelación completa para alguien, o podría actuar con respecto a algo que no está claro o no es incluso correcto. Pero si mi meta es amar a la persona en Jesús, entonces la profecía real es secundaria a la meta de amar y conectar

Si me equivoco en una palabra de conocimiento, puedo simplemente continuar, hacer alguna corrección, o incluso detener una interacción en particular. Estar equivocado no descalifica o niega las cosas precisas que he dicho, sólo significa que sigo aprendiendo cómo conectarme con Dios y cómo interpretarlo.

En el Nuevo Testamento, vemos al apóstol Pablo comprometiendo a la iglesia con la responsabilidad relacional y social. Hablo sobre esto en mis libros *Interpretando a Dios* y en el *Libro de Trabajo Interpretando a Dios*, te invito a leerlos para aprender más sobre la responsabilidad personal y el seguimiento a las palabras, en ambos libros, me centro en el hecho de que Jesús nos está entrenando en la cultura de Su corazón y de Su mente, la mayoría de las veces no lo escuchamos a Él directamente, porque Él quiere que transmitamos la cultura del Reino de quién es Él, y no sólo que lo adoremos por lo que es. En otras palabras, Jesús rara vez habló directamente a las multitudes, en lugar de eso, contó historias y ayudó a las personas a entender cómo era relacionarse con Dios, Su reino, y el mundo que los rodeaba. A través de parábolas, historias y misterios, inculcó el amor de Su Padre de formas que ayudaron a la gente a saber lo que

Él realmente era. Anhelaba compartirse a Sí mismo con los demás, no sólo Sus obras.

Es por eso que encontramos una enorme belleza en una vida llena de palabras de conocimiento, nada es más bello que conocer a Jesús. A través de las palabras de conocimiento, conocemos a nuestro Salvador de una manera real, que no sólo va más allá de nuestra imaginación, sino que además revela una relación íntima que dice: "Te conozco. Hay algo más".

3

EL PROCESO DE CRECIMIENTO HERRAMIENTAS QUE AYUDAN

Como lo mencioné anteriormente, la razón por la que estoy escribiendo este libro y compartiendo mis experiencias contigo es para enseñarte de una manera muy real que puedes crecer en este don. Puedes conocer los secretos de Dios – Su corazón y Su mente. Parte de esto ocurre a través de la práctica, ocurre a través de tu crecimiento en cuanto a la dependencia con Su corazón y naturaleza, a través de una conexión real con Él. Para entender cómo desarrollarlo, necesitas usar un contexto bíblico y algunas aplicaciones modernas de este maravilloso don; también necesitas saber acerca de algunos obstáculos que encontrarás, al igual que cómo saltar hacia este tipo de fe y conectarte con un estilo de vida de palabras de conocimiento

EL RIESGO MÁS INMEDIATO

Crecer en el don de las palabras de conocimiento no es más desafiante que seguir cualquiera de los dones de revelación. Es simplemente más claro y preciso y requiere que tomemos más riesgos. Por ejemplo, no le puedes decir a alguien, "Siento que tu fecha de nacimiento es en mayo", sin que sea totalmente correcto o incorrecto.

Desafortunadamente, las afirmaciones absolutas mantienen a las personas lejos de la vía del crecimiento de una gran fe y de altos riesgos. Si te pones a pensar en ello, para la mayoría de la gente el factor de riesgo hace que el profetizar a alguien sea relativamente fácil comparado con compartir palabras de conocimiento. Mientras que la profecía puede ser poderosa en dado momento, llega con un riesgo retrasado. No eres responsable por el resultado de manera inmediata.

Muy poca gente habla nuevamente con las personas a quienes les profetizaron para dar seguimiento a sus palabras, resultando a menudo en un crecimiento espiritual coartado y en una falta de sentido de responsabilidad. Sin un proceso de seguimiento establecido, no tienen manera de evaluarse a sí mismos. Pero cuando las palabras de conocimiento son incorrectas, la responsabilidad es instantánea, obligándonos a hacer una autoevaluación inesperada e inmediata.

Entonces, ¿cómo puedes practicar las palabras de conocimiento y tomar grandes riesgos de fe? Es muy sencillo, tienes que estar abierto al fracaso. Como mencioné en el capítulo anterior, algunas veces he transmitido lo que yo creía eran palabras de conocimiento que eran totalmente incorrectas, sin espacio alguno para la interpretación, pero el aspecto clave es que sigo alcanzando la meta personal del ministerio en cuanto a amar a la persona, además de que obtengo enormes frutos a partir de esa interacción.

Por otro lado, también encuentro personas que no se pueden relacionar con lo que estoy compartiendo y me ven como si estuviera loco, o peor aún, como si fuera un falso. En lugar de retorcerme con la picadura del rechazo, he aprendido a quedarme en un lugar de confianza en: Jesús. Una de mis Escrituras favoritas para toda búsqueda de crecimiento en Dios es la de 1Pedro 4:8 "*¡El amor cubre* *una multitud de fracasos!"*, me encanta cómo lo dice la versión The Message : *"Más que nada, ámense los unos a los otros como si su vida dependiera de eso. El amor cubre prácticamente todo".*

Lo hermoso del amor ágape es que nos da permiso para intentar crecer, para cualquier cosa en la vida, especialmente en aquellas áreas en las que estamos tratando de crecer o mejorar, vamos a lidiar con problemas de resultados. Debido a que necesitamos inspiración divina para incluso participar en los dones proféticos, aumentamos estos dones cuando los usamos para compartir palabras de conocimiento o profetizar. Piénsalo. Hay tanto en juego cuando usas las palabras: "Dios me dijo" o "¡Este es Dios!", ¡Necesitamos cambiar las reglas del juego para que las apuestas no sean tan altas!

En mi propio ministerio, he bajado las apuestas al utilizar de manera diferente el lenguaje y la comunicación. Hago preguntas y aprovecho el lenguaje relacional para comunicar palabras de conocimiento o una profecía. En la mayoría de los modelos de profecía una persona le da a otra que acaba de conocer una oración – un mensaje personal que él o ella dicen que proviene de Dios. Hay poca o casi nada de interacción, no hay investigación, no se establece una conexión con la persona, y no hay retroalimentación. Si queremos crecer y cambiar las apuestas, tenemos que cambiar el modelo actual. Aquí hay una verdad innegable: Si Dios es el ser más relacional del universo, entonces como personas creadas a Su imagen y semejanza, también tendremos la capacidad de relacionarnos con otros.

Usar un lenguaje suave y luego hacer preguntas es importante. Por ejemplo, la afirmación "Siento que marzo puede ser un mes importante para ti. ¿Hay algo que vaya a ocurrir en marzo?" le da a una persona el tiempo para interactuar contigo y ser parte del proceso, si su cumpleaños es en marzo, ella se sentirá tan especial como si la hubieses sorprendido, gritando: "¡TU CUMPLEAÑOS ES EN MARZO Y DIOS QUIERE DECIRTE ALGO!"

Cuando usamos lenguaje profético demasiado espiritual, corremos el riesgo de exagerar, o de no conectar verdaderamente al corazón de la palabra que Dios tiene para alguien. Así como tenemos inteligencia emocional en esta época más que durante cualquier otro momento de la historia, necesitamos más inteligencia espiritual para ayudarnos a discernir cómo están funcionando o fallando nuestros modelos.

Me he dado cuenta que cuando cambiamos algunos de los modelos que existen, nos arriesgamos a dar una imagen menos segura de nosotros mismos o tal vez más suave de lo que la gente quisiera parecer, pero la relación riesgo/recompensa está ahí. Si nos arriesgamos por las relaciones, entonces cambiaremos nuestra manera de transmitir las cosas pero si nos arriesgamos por reunir información, entonces probablemente pasaremos de largo la relación.

También creo que la gente de esta época quiere sentir que es parte de una conversación. A lo largo de tantas esferas (educación, desarrollo de liderazgo, negocios y gobierno), los modelos de comunicación están cambiando para ser interesantes para las generaciones emergentes. La esfera profética es esencialmente relacional, por lo tanto, no hay razón para no iniciar también un modelo conversacional.

TU SISTEMA DE CALIFICACIÓN INTERNO

Todos tenemos muchas formas de escuchar a Dios: imágenes, palabras internas, palabras externas audibles, sueños, visiones, etc. (ir al Apéndice para ver definiciones más detalladas). Tenemos la responsabilidad de aprender cuánto riesgo tomar, en base a lo que sintamos o interpretemos de la revelación que recibamos.

Recuerdo que hace un tiempo, uno de mis amigos, quien nunca antes había escuchado la voz de Dios en relación a una decisión importante, determinó que había escuchado a Dios con respecto a su futura esposa. No está demás decir que se trataba de la chica más bonita de nuestra iglesia que contaba con 5.000 personas. En un momento de soledad, mi amigo dijo que Dios le había dicho que esta chica sería su esposa, sintió que Dios le había mostrado una de sus cosas favoritas, que eran los caballos. No tenía conocimiento previo de esto, y cuando se enteró más tarde que a ella le gustaban los caballos, lo tomó como una validación.

Este chico estaba 100% convencido, sin tener ninguna otra confirmación, sin embargo, no contaba con ningún historial de haber escuchado a Dios, ni un proceso para hacerse responsable de ello, ni siquiera la fe para tomar riesgos menores antes de tomar uno importante.

Sobra decir que este matrimonio nunca ocurrió. Hoy en día, ambos están casados con personas diferentes y ni siquiera fueron novios, en ese entonces, él se encontraba frustrado con su relación con Dios. Simplemente sabía que había encontrado a "la correcta". Le expliqué que tenía que aprender cómo tomar riesgos en base a lo que escuchaba, pero también tomar una cosa a la vez, en pedazos pequeños. Dios nunca nos dice que demos un paso gigante sin primero enviarnos un león y un oso para pelear. Conforme desarrollamos historia y profundidad, empezamos a saber cómo tomar decisiones cada vez más grandes y tomar riesgos a medida que avanzamos. Nunca he visto a nadie graduarse de la universidad que primero no haya pasado por la primaria o por la preparatoria. Lo mismo aplica al discipulado con Cristo. Tenemos procesos educativos que no nos debemos saltar. Cuando lo hacemos, terminamos sintiéndonos incompletos del otro lado.

Con decisiones importantes, tampoco podemos saltar a una decisión con ambos pies en base a una única palabra profética con la que no hayamos pasado tiempo reflexionando y orando. Necesitamos usar la profecía como una invitación para tener una comunión con el corazón de Dios, buscar Su consejo, y hacer oración.

LA PRÁCTICA NO HACE AL MAESTRO, PERO AYUDA

Al igual que un pianista talentoso se equivoca en las notas de vez en cuando, tendremos experiencias que aún después de mucha fe, riesgo, práctica y corazón, simplemente no conecten. La buena noticia es que la práctica lo hace mucho mejor, cuando practicamos, nuestra identidad, confianza, seguridad y esperanza crecen. Practicar no sólo se trata de tener más oportunidades para compartir tu espiritualidad, se trata de aprender acerca de tu espiritualidad y tu conexión con Dios y cómo hacerlo más agradable para el mundo que te rodea.

Las palabras de conocimiento van a requerir de muchísima práctica. A veces parece como si la gente creyera que puedo simple y soberanamente escuchar a Dios e ignorar mis veinte y tantos años de práctica, pensando que sólo tienen que adentrarse en el don. De alguna manera, piensan que sencillamente "funcionará". No estoy diciendo para nada que te tomará veintitantos años (¡gracias a Dios!), pero tendrás que comprometerte con la fe al igual que con un proceso de desarrollo de relaciones para crecer y mantener el don.

Algunas personas también piensan que fui ungido o que me fue enseñado por alguien y que simplemente dejé que su don me contagiara y ahora todo es sencillo y fácil. Ese no es para nada el caso. He recibido muy buenas enseñanzas, pero para que el don se volviera práctico en mi vida he tenido que personalmente desarrollar y participar en esa enseñanza.

Velo de esta forma. ¿Te imaginas ser padre y comprarle a tu hija un piano y luego enojarte con ella por no poder tocarlo la primera vez que se sienta frente a él? Ningún padre le haría eso a su hijo. ¡Dios es más bondadoso que cualquier padre!, Él te permite pasar por un proceso de desarrollo e incluso lo disfruta conforme caminas en ese proceso junto a Él.

Sin embargo, una vez que desarrollas este don, Él disfruta de tu crecimiento de una manera diferente, entonces estarás creando música para que todos la escuchen, no sólo la Suya y la tuya y la de las personas a quienes más amas. No es que Él te disfrute a ti más. Ningún padre diría, "Odio a mi bebé. ¡Cómo quisiera que creciera ya!". Por lo general, los padres bromean sobre volver a tener a sus bebés. La realidad es que Dios disfruta tu madurez de una manera diferente, porque fuiste hecho para vivir en la madurez eterna. Las etapas de la infancia duran sólo un minuto, pero la madurez dura toda la eternidad.

Se requiere de práctica, y parte de ese proceso implica conocer a Dios y a ti mismo de maneras muy poco cómodas. Tendrás que enfrentar tus inseguridades, tu falta de identidad, tu equivocado sistema de creencias y otras cosas más.

No hay nada como practicar las palabras de conocimiento, incluso si sientes como si estuvieras jugando un absurdo juego de adivinanzas y perdiendo tu confianza espiritual. Para muchos, ese es parte del proceso de crecimiento. He estado ahí y he tenido que aprender lo que llamo el peso de "cuando es Dios y cuando soy yo". En otras palabras, cuando mis palabras de conocimiento se conectaron con alguien, aprendí cómo se sentía antes, durante y después de compartir las palabras con ellos. Ese "peso" me ayudó cuando sentí otra palabras, ya que podía comparar lo que estaba sintiendo con lo que había sentido en mi espíritu la vez anterior. A veces sólo puedes aprender al intentarlo. Cuando sientes el peso de Dios en tus palabras y éstas se manifiestan en las personas con quienes las estás compartiendo, puedes ver la diferencia entre qué es imaginación y qué es verdaderamente espiritual.

Es muy parecido a tocar mal las notas de una canción que está en un nivel más avanzado de lo que has aprendido. Se requiere de mucha práctica para que la canción salga bien, y si lo logras de memoria en vez de leer las notas, podrías no poder aplicar lo que aprendiste para mejorar y tocar otras canciones. Podrías tocar música, pero entender la música es una historia completamente diferente. Dios quiere que participes en el proceso de saber cómo leer la música, por decirlo de alguna manera, para que te conectes con la parte relacional de escucharlo.

La buena noticia es que cuando empiezas a hacer conexiones de cómo las palabras de conocimiento trabajan a través de ti, eso continuará en las interacciones futuras, además, a menudo te sentirás impresionado y asombrado por Dios como si Él fuera la persona que está recibiendo palabras de conocimiento de parte tuya. Sabemos que los pensamientos de Dios no se originan en nosotros, pero las palabras de conocimiento nos conectan a Sus pensamientos tan bien que crecemos y aprendemos de manera personal. Creo que disfruto la experiencia más que la gente que la recibe y me impulsa a seguir adelante. Les cuento a mis amigos o a mi esposa lo que sucedió y me vuelvo a cargar de energía para hacerlo de nuevo.

El riesgo es parte de la batalla de todos los dones de revelación que han sido malinterpretados por la iglesia. Aprender a escoger el riesgo en base a lo que sabes que funciona (y lo que no) es un principio importante. Recuerda que cuánto crezcas en tu don es directamente proporcional a cuánto lo practiques y al nivel de riesgo que tomes al compartirlo. Por supuesto, si vives en una cultura de resultados, este principio te podrá parecer extraño, ya que no estarás acostumbrado a intentar hacer cosas para las que esencialmente no eres bueno. Pero la realidad es que muy rara vez alguien es bueno en esto de las palabras de conocimiento hasta que entiende su conexión con Dios.

Debido a que he practicado muchísimas veces, sé el peso o la medida que puedo darle a qué tan exacta puede ser una palabra de conocimiento. Eso no significa que todo tenga un gran peso, y de ninguna manera soy profundo todo el tiempo, en realidad es muy diferente, ya que en mucho de mis intentos, puedo sentir un menor peso, lo que significa que sigo teniendo confianza en mí, sin embargo uso un lenguaje y preguntas mucho más suaves y cuando siento mayor peso con respecto a lo que escucho de Dios, sé que no he utilizado adjetivos y un lenguaje más sutil en el proceso.

Además, el ambiente en el que nos encontramos relacional y socialmente es importante. ¿Estoy con creyentes que entienden el cristianismo y las palabras de conocimiento? Entonces mi lenguaje es mucho más libre y el transmitirlo es más cómodo para mí. ¿Es un cristiano que no tiene experiencia con lo profético? Entonces trato de relacionar lo que veo con las Escrituras o aplicarlo a la vida, para que él o ella puedan comprender a Dios en ese contexto. ¿Es para personas que no creen? Entonces posiblemente tengo que explicar quién soy, o que estoy teniendo una experiencia sobrenatural y quién es la fuente de dicha experiencia.

Para darte un ejemplo real de lo que estoy hablando, voy a describir algunos ejemplos:

Lenguaje común para alguien que no es cristiano y que no ha estado expuesto a las palabras de conocimiento y a la profecía:

Mi esposa, Cherie y yo estábamos hablando por teléfono con una mujer que acabábamos de conocer y que nos había comentado que deseaba explorar nuestro viaje espiritual, Ella pertenecía a la religión Bahá'i y quería escuchar sobre nuestras creencias, lo que es común y hermoso dentro de la fe Bahá'i. (A los behaístas les encanta oír hablar de las creencias de otras personas). Cherie y yo estábamos platicando simultáneamente con ella, ¡cuando escuché que Dios tenía un mensaje para ella!

"Farah, ¿podemos orar por ti?" le pregunté, sabiendo que ella sí creía en la oración.

"Sí", respondió.

Después de orar por un segundo, le dije: *"Farah, tengo una sensación espiritual de parte del corazón de Dios para ti. ¿Te la puedo compartir?"* Nuevamente estuvo abierta a lo que yo tuviera que decir.

Durante nuestra conversación, ella había hablado sobre una vida virtuosa varias veces. Le dije, "En la Biblia, Dios asocia la virtud con el fruto, y hemos estado hablando mucho sobre virtudes.

Siento que Dios me está mostrando que tienes un don para las plantas o que eres la "dama verde". ¿Significa esto algo para ti?"

Farah rió y dijo: *"No sabía nada sobre jardinería o agricultura, y a pesar de eso mi esposo y yo compramos una granja con frutos orgánicos. Nos está yendo tan bien que una revista publicó un artículo y me llamó: "¡la dama del dedo verde!"*

"Farah", le dije, *"Dios sabía que nos encontraríamos y que hablaríamos sobre las virtudes y que Él compararía las virtudes con tu granja de frutos. Eres una mujer de virtudes, y Dios te ama muchísimo (incluso le di el nombre de la calle en donde se encontraba la granja). ¿Podemos orar para que te conectes con Dios de manera más profunda y para que Él pueda darte todo lo que Cherie y yo tenemos en nuestra relación con Jesús?"*

Ella nos permitió orar y oro con nosotros.

Lenguaje aún más suave para alguien que no cree: Un amigo y yo estábamos hablando con otra amiga que era muy abierta en cuanto a los dones de revelación pero que tenía una enorme formación Nueva Era. Sabíamos que se alejaría si empezábamos con las Escrituras o si decíamos: *"Dios me dijo"*. Ella estaba abierta a tener un encuentro espiritual con nosotros, así que oramos.

Mi amigo dijo: *"Tú sabes que yo creo en el Creador del universo. Él me está mostrando que eres muy parecida a Él y que eres extremadamente creativa pero que no has podido continuar con esa creatividad en tu trabajo debido a restricciones económicas. Creo que Él quiere eliminar esas restricciones y darte un plan creativo. ¿Podemos tocarte y pedirle al Creador que te llene con Su plan?"*

A esta mujer le encantó la palabra que mi amigo le dio y el lenguaje que utilizó. Se sintió tan conmovida por el poder de Dios cuando la tocamos que preguntó: *"¿Qué es eso?"* Tuvimos la oportunidad de no sólo decirle lo que era sino además "Quién era". Como resultado, este encuentro personal con Su amor cambió completamente la idea que ella tenía sobre Dios y Jesús.

DISCERNIMIENTO, INTUICIÓN Y PALABRAS DE CONOCIMIENTO

La mayoría de los cristianos están totalmente conscientes de su don de discernimiento y se apoyan en él en gran medida. ¿Alguna vez sientes que alguien está exagerando?, ¿Has escuchado a alguien presumir sobre algún logro y saber que está mintiendo?, ¿Alguna vez has sentido que alguien quiere escapar de una conversación, a pesar de su cara inexpresiva?, ¿Alguna vez has sentido que alguien está teniendo dificultades con algo?

Parte de esto es intuición humana, parte es leer a la gente y otra parte es discernimiento espiritual. Las tres son habilidades valiosas para un cristiano, tal vez hayas notado que este libro tiene un hilo conductor que se centra en vivir una vida conectada. Queremos estar conectados con el mundo que nos rodea y escuchar la voz de Dios, evitando cosas que puedan distraernos o desconectarnos

Cuando le entregaste tu vida a Jesús, naciste del espíritu. Eso significa que el Espíritu de Dios vive en ti, y que Él tiene ideas y sentimientos que tendemos a sentir en nuestro interior. Aun cuando no creas que eres intuitivo, como cristiano, tienes un sensor espiritual dentro de ti que reacciona al mundo que te rodea. Podemos sentir cosas, especialmente lo bueno y lo malo.

LA DIFERENCIA ENTRE UNA PALABRA Y EL DISCERNIMIENTO

No tenemos que depender de Dios para ver el mal; estamos plenamente conscientes del mal que nos rodea. Cuando nuestro espíritu está vivo en Cristo, es como un imán, con una carga positiva que empuja la carga negativa del mal. Cuando estamos cerca del mal, éste presiona contra nosotros, esta es una manera en que lo podemos discernir. Para alguien que no conoce a Cristo, el mundo entero puede ser un campo minado volátil, pero tenemos discernimiento, lo que nos ayuda a sentir y caminar a través de las minas. El don del discernimiento es un proceso profundamente espiritual y es un regalo de Dios.

Sin embargo, el discernimiento no es la meta espiritual final de la revelación profética que compartimos con los otros. En base a nuestro constante discernimiento interno, nos formamos una opinión sobre política, relaciones, negocios, otras razas, etc. Nuestro discernimiento nos obliga a tomar decisiones diferentes de las que habríamos tomado antes de conectarnos con algo aparte de nosotros mismos.

La intuición y el discernimiento también pueden ser espiritualmente motivados, lo que significa que el discernimiento es parte de nosotros. Vivimos en plena consciencia de nuestro don y lo usamos todos los días, pero a veces el Espíritu Santo de manera intencional, hace que nos enfoquemos en algo para que podamos tomarlo antes que el Padre y ponerlo en su corazón.

Por otra parte, el discernimiento también hace que notemos cosas en las que Dios podría no estar enfocándonos pero por las que aun así podemos orar. Por ejemplo, a veces cuando estamos atravesando por una situación personal difícil o incluso sufriendo abuso, somos más perceptivos con otros que también están pasando por eso o que han pasado por eso anteriormente. En vez de enfocarnos en lo negativo, podemos convertir esta etapa difícil en una oportunidad para ministrar y orar, incluso podemos entrenarnos para no usar nuestro discernimiento en estar tan concentrados en lo que está mal alrededor de nosotros.

Conozco a muchas personas espiritualmente sensibles que tienen dificultades para ir a un centro comercial o para estar en reuniones grandes porque han permitido que su discernimiento y sus sentidos espirituales dominen su atención, en lugar de estar en el mundo y no ser de éste (ver Juan 17:14-16). Debemos ser capaces de desentendernos de la información y de las condiciones discernibles.

Esta es la dura realidad al entrenar a miles de personas en lo profético, lo más difícil ha sido fortalecerlos para que vayan un paso más allá del discernimiento y hacia la revelación, este es el obstáculo número uno para aprender a compartir lo que Dios nos está mostrando, especialmente con personas que creen que su vocación espiritual es la intercesión o con cualquier persona cuyo trabajo se centre en la sanidad interior. Debido a que dependen mucho de su discernimiento, muchas veces el discernimiento se convierte en el objetivo de su vida de oración o consejería para con otros, y con toda la razón dentro de ese contexto, pero cuando se trata de profetizar, el discernimiento debe ser siempre una herramienta que aprovechemos para acercarnos a nuestra fe de formas nuevas y maduras, debe ser una prioridad menos importante para nosotros que escuchar el corazón de Dios.

EL DISCERNIMIENTO COMO EL INICIO DE UNA CONVERSACIÓN CON DIOS

Dios nos da palabras de conocimiento para alentar a otros. Es como todos los dones proféticos: ves algo que Dios quiere darle a alguien para tener una conexión más personal con Su Hijo, quiere que la gente sepa que Él los conoce. Cuando las palabras se comparten dentro de un ambiente corporativo, la experiencia ayuda a la gente a reunirse con fe en su iglesia, negocio, ciudad, o grupo de personas.

Cuando comparten las palabras de conocimiento, mucha gente se detiene ante la sanidad interna o ante sus necesidades espirituales; se detienen ante la guerra espiritual o ruptura que sienten, estos obstáculos no deben ser el tema de tus palabras proféticas, a veces pueden ayudar a desarrollar tu compasión y tu necesidad de límites, pueden ayudar a dirigir la atención e incluso podrían ser el punto de partida para poner atención a lo que Dios está diciendo dentro de ti, pero cuando Dios te da una palabra para alguien, no te debes enfocar en estas cosas, tenemos que mostrar Su corazón esperanzador.

Es importante entender ésto porque si tú das lo que crees que son palabras de conocimiento cuando realmente provienen de tu discernimiento, no lograrás la meta de dar esperanza. Las palabras de conocimiento revelan lo que Dios piensa o quiere decir acerca de algo y pueden traer una solución espiritual.

A veces podemos tocar un tema negativo en una palabra de conocimiento, pero no se queda ahí, cuando Dios ama a las personas a través de los dones de revelación, éstas nunca deberán irse sintiéndose más expuestas que conectadas. A veces, una nueva oración a nivel individual e incluso una asesoría o terapia pueden establecer diferentes metas para escuchar la voz de Dios, estas áreas se pueden centrar más en tratar de ayudar a alguien a superar algo y a tomar nuevas decisiones. Esto es muy diferente al uso común de los dones proféticos que todos deberíamos buscar, tan sólo dar a alguien la oportunidad de ser amado por Dios de manera sobrenatural, a través de conocer Su corazón.

Muchas veces he tenido esta experiencia de compartir con alguien individualmente. Recuerdo a un joven de nuestra iglesia que no tenía papá, percibí que nadie había hablado con él sobre su sexualidad o se había sentado con él a tener una conversación hombre a hombre sobre el manejo de su impulso sexual. Una noche, mientras un grupo de nosotros nos quedábamos fuera de casa hasta tarde, se abrió conmigo sobre algunos de sus problemas, los cuales yo ya había percibido, me contó que tenía problemas con la pornografía e incluso a veces sintiéndose atraído a personas de su mismo sexo. Se encontraba en un viaje de identidad sexual y autodescubrimiento. Normalmente, una figura paterna sana le habría podido brindar algún tipo de identidad sólida, este adolescente se encontraba confundido.

Aun cuando percibí esto, él guió la conversación. Tuvimos una sesión de sanidad interior, seguida por buenos momentos de conversación durante el año siguiente. Dios desarrolló su confianza en cuanto a su identidad sexual, su impulso físico y su sentido de masculinidad. ¿De dónde surgió mi percepción? Me ayudó a tomar decisiones con él y a ser una persona de confianza con la que él pudiera hablar. Le ayudó conocer, que aunque yo sabía qué estaba pasando en su vida, no lo juzgaba, se sintió conocido, más no expuesto. ¿Ves la diferencia entre palabras positivas y negativas? No debía empezar con palabras sobre su pecado; él estaba listo para revelarlo. En vez de eso, el discernimiento me ayudó a crear una conversación que lo llevó a compartir cosas, de manera que no fui yo quien tuvo que mencionarlas.

Sé que esto puede ser confuso para algunas culturas religiosas, en donde la meta del ministerio personal o el discipulado es la de superar el pecado. Jesús fijo la meta mucho más alt: convertirte en algo, no sólo supera algo, siempre se enfocaba en los discípulos – en quiénes eran, en lugar de en quién no eran, a pesar de todas las cosas negativas que sabía sobre ellos, muchas veces, sus rasgos negativos o defectos se manifestaban justo frente a Él, y aun así Jesús no los usaba en su contra.

LA MUJER EN EL POZO

Sin embargo, debes estar preparado. Las palabras negativas pueden surgir como parte de una palabra de conocimiento. Tenemos un ejemplo en Juan 4. Jesús se acerca a una mujer samaritana y empieza a hablar con ella (sin importar que fuera ilegal que un hombre judío le hablara a una mujer de Samaria), a pesar de que los judíos consideraban a su raza como impura. Jesús empieza por decirle que va a beber de su cántaro, lo cual era inaudito en ese entonces. Luego comienza a descifrar la parábola mesiánica.

"Ve por tu esposo", le dijo, *"para que hablemos."*

"No tengo esposo," le respondió.

En ese momento, Jesús recibe una palabra de conocimiento de

que esta mujer ha tenido cinco esposos y que ahora está viviendo con otro hombre. Pero no la condena ni la corrige. En lugar de eso, comparte con ella el camino para la vida eterna. ¡Me encanta! No recibió esa palabra de conocimiento para hacerle sentir vergüenza. No tenemos que hacerle sentir vergüenza a las personas, ellos ya están conscientes de ella; esta palabra vino de parte de un hombre de amor, que sabía que ella nunca había tenido el amor de un hombre en su vida. Ahora, ella podría tener esa vida a través de El Mesías. Fue tan bondadoso que se revelo a sí Mismo ante ella, antes de compartir su verdadera identidad con los discípulos. ¡Increíble!

Así que, no hay reglas rígidas cuando se trata de compartir las palabras de conocimiento. Pero, sí hay un protocolo de amor, a veces al exponer algo sobre lo que alguien necesita hablar. Para que Dios te revele detalles privados de alguien, necesitarás desarrollar habilidades interpersonales sanas y necesitarás un enorme corazón de amor.

USAR UNA PALABRA NEGATIVA PARA HACER EL BIEN

Un buen ejemplo: Hace un año, asistí a una reunión en la Costa Este. La tensión racial se había estado filtrando por todo el país y en algunos lugares había llegado al punto de ebullición, había estado orando (y lo sigo haciendo) para que Dios enviara una solución espiritual.

Le pregunté a una señora: *"¿Hay algún Daniel en tu vida? ¿Sufrió abuso por parte de policías corruptos cuando era adolescente y después dos veces más en sus veintes, cuando fue arrestado injustamente e incluso agredido?"*

¡Era su hijo!

"Ve y dile que ese no fue Dios, que fue un abuso de autoridad. Esa fue una tarea del enemigo para robarle a Daniel su autoridad,

ya que tu hijo es un hombre de autoridad. Él escuchará este mensaje de Dios, y se dará cuenta de que Dios lo hizo para que fuera así. ¡No permitirá que nadie se la robe de nuevo!"

Ella lloraba. Cuando le dio la palabra que tenía para él, la carga de esas situaciones de abuso que había estado cargando pareció evaporarse. Su trauma fue liberado.

¡El fruto de esta palabra fue maravilloso!, ¡Unas semanas después, Daniel se inscribió a la academia de policía!, ¡Muy bien, Dios! ese era su sueño secreto, y estas experiencias traumáticas se lo habían robado. No pudo cambiar el pasado hasta que Dios se presentó y le dio un cierre.

Ahora bien, date cuenta que la palabra que le di a la madre hablaba de circunstancias negativas. Pero se trataba de todo lo que Dios dijo para darle a Daniel esperanza y vida. ¡Me encanta este momento! me enseñó que los dones proféticos pueden utilizarse para dar inicio una solución para algunos de los problemas más profundos en el mundo.

Un mal ejemplo: Hace quince años, asistí a una reunión en la que ministré al final, a través del micrófono, le pregunté a una mujer en particular si estaba teniendo problemas en su matrimonio. No era así, pero eso no evitó que se sintiera muy humillada. Una semana después, me escribió y dijo que varias personas se le habían acercado, preocupadas por su matrimonio, se sintió como si estuviera siendo etiquetada.

Aprendí mi lección y me disculpé. Incluso si fuera cierto, exponer algo tan negativo como ésto en un foro público hace que la gente se sienta juzgada y expuesta. Finalmente, casi todos los seres humanos tienen un sentido de autoestima y privacidad, este tipo de problemas deben ser abordados en un entorno privado, en relaciones cercanas y no en un evento público.

HACIENDO CRECER NUESTRO DISCERNIMIENTO

Podemos hacer crecer nuestro discernimiento en base a nuestras experiencias de vida y a nuestra educación. El discernimiento hace que estemos más abiertos al peligro y a los beneficios, en base a lo que vemos que Dios o la humanidad hacen. Después de haber comido del árbol del conocimiento, Dios programó a la humanidad para discernir todo. Piénsalo: después del Edén, todo lo que comieron y bebieron, y todas las cuevas en las que se resguardaron, pudieron haberlos matado, desde entonces, hemos dependido del discernimiento para nuestra supervivencia básica. Hemos tenido que confiar en nuestra intuición, sin embargo, esta sabiduría no siempre está llena de espiritualidad, a menudo, nos lleva a pensar en la supervivencia o en cosas que son buenas contra malas, en vez de prosperar y vivir un viaje pleno y hermoso del corazón.

El discernimiento se desarrolla automáticamente a través de:

- La piscología o la orientación
- La astucia adquirida en las calles
- Experiencias de vida tanto negativas como positivas
- Experimentar ruptura y relaciones saludables
- La enseñanza, el discipulado, o coaching a muchas personas

En otras palabras, mientras más experimentes la vida y la humanidad a través de diferentes filtros, más estarás en sintonía con ciertas herramientas que utilizamos para evaluar a la gente. Mi madre ha hecho tanta sanidad interior que puede sentir la salud emocional o espiritual de otras personas de inmediato cuando ora por ellas, ha recibido entrenamiento para dar orientación en cómo manejar esto, lo que ha provocado una inclinación diferente durante sus ministerios de oración en iglesias o en eventos públicos, ha tenido que aprender que si se encuentra en modo profético o esperanzador, entonces no puede confiar en su discernimiento o en sus dones de sanidad interior para apoyarse en ellos. Si no lo lleva más allá del discernimiento y escucha el corazón del Padre, entonces no está profetizando; está usando el discernimiento para orar con la gente por algunos problemas, ambos son valiosos, pero cuando nos concentramos en cómo desarrollar la revelación, muchos de nosotros tendremos que abstenernos de usar nuestro discernimiento cotidiano y necesitaremos seguir presionando para ir más allá para la revelación.

De hecho, cuando estás acostumbrado a usar el discernimiento para notar ciertos temas, puedes detenerte ahí, porque ahora ya sabes cómo interpretar esas situaciones. Así que son obvias para ti, incluso si están ocultas para los demás. Dios no te está pidiendo necesariamente que observes esas cosas, puede estarte pidiendo realmente que las ignores para poder ver algo que se encuentre totalmente fuera de tu punto de vista.

El discernimiento es sumamente útil, pero la gente que me conoce o que me ha escuchado ministrar, me ha oído decir que es el inicio de una conversación, no un destino. Tengo que aprender a usar todo lo que pueda del discernimiento y no distraerme, para así concentrarme en el mensaje más profundo que viene desde el corazón de Dios.

Imagínate a ti mismo orando por una adolescente y después imagina que tienes adolescentes en casa. Probablemente sientas que tus propios adolescentes están luchando por encontrar identidad y propósito, así que puedes discernir que la adolescente está confundida acerca de su propósito y de su futuro. ¿Y si Dios no quisiera hablar de eso?, ¿Y si durante este tiempo de oración, Él se enfocara en la dinámica familiar o en la dinámica con sus amistades, y no en su futuro o en su propósito de vida?, pero como estás en sintonía con tus propias hijas, te detienes en sus problemas y en las cosas con las que te puedes relacionar. Dios sí usa aquellas cosas con las que nos podemos relacionar todo el tiempo, pero entonces va más allá de lo que hemos experimentado.

¡No te limites por tu experiencia de vida!

Aquí hay otro ejemplo (¿te das cuenta que realmente deseo que entiendas esto?), imagínate orando por una persona soltera que se quiere casar desesperadamente, o por una pareja que quiere tener un bebé. Tu compasión te conmueve porque puedes percibir o sentir lo que pasa en sus corazones, especialmente si has enfrentado estos mismos problemas de manera personal o has acompañado a alguien que los ha tenido, tu empatía puede sobrepasar aquello de lo que Dios quiere platicar. ¿Qué pasaría si esos deseos fueran los más importantes en su corazón, pero no fueran el tema principal para Dios durante este tiempo de oración contigo?

Por supuesto, lo obvio también es cierto – muchas veces nuestro discernimiento nos debe guiar, pero quiero retarte a que pienses en grande en cuanto a tu labor de oración profética con las personas y que tomes esa buena y grande decisión de amar tanto como sea posible.

Cuando buscas el don de las palabras de conocimiento – y el discernimiento no representa un obstáculo, sino que lo ves como una herramienta para iniciar una conversación con el Padre... definitivamente te encontrarás en el camino de lo auténtico y lo real, sin embargo, hay obstáculos en las palabras de conocimiento, y necesitamos hablar de ellas: ¡En el capítulo 4!

4

IDENTIFICANDO LO FALSO

C omo lo mencioné en el Capítulo 2, vivimos en la Era de la Información en donde se puede encontrar casi cualquier cosa sobre el mundo en internet. ¿Necesitas saber algo sobre las computadoras cuánticas? Búscalo en internet. ¿Aplicaciones que digitalmente den seguimiento a cada uno de tus movimientos? Nuestra capacidad para investigar sobre casi cualquier cosa también tiene implicaciones profundas en cuanto a lo que podemos fácilmente averiguar sobre alguien más.

Con todo este acceso a la información en nuestras manos, ¿por qué pensaría yo que Dios nos llama para concentrarnos en renovar nuestra comprensión sobre las palabras de conocimiento? ¿Por qué necesitamos las palabras de conocimiento cuando tenemos fuentes de información como internet? Porque lo que se revela a través de las palabras de conocimiento va más allá de los hechos que puedes investigar. **Lo que Dios dice y hace marca el límite de la autenticidad.**

Nuestro Padre tiene una historia que contar y una conexión que establecer mediante las palabras de conocimiento, lo que la información por sí misma simplemente no puede lograr. Las palabras con las que Dios nos habla son profundas, expresan un nivel de autenticidad que no puede ser copiado, Dios no se siente intimidado por la era de la información, y nosotros tampoco deberíamos estarlo. Él puede, y lo hará, revelar lo que necesitamos saber cuando servimos a la gente. Su palabra es poderosa y activa; no nos fallará.

Sin embargo, ha habido mucha gente que, debido a sus inseguridades y a su anhelo por sentirse importantes, han fingido tener dones proféticos, especialmente el don de las palabras de conocimiento, sus oídos y sus egos se deleitan cuando la gente responde a este poderoso don. Les encanta ser el centro de las respuestas emocionales de las personas en su ministerio, y sienten un gran estímulo con los regalos económicos que reciben, de esta forma, crean una imitación del don, tratando de hacerlo pasar por auténtico. Pero la revelación que nosotros buscamos proviene de Su corazón y naturaleza, y es la línea divisoria entre lo que es real y lo que es falso.

LO REAL PONE AL DESCUBIERTO LO FALSO

La mayoría de los ministros, que han sido bendecidos con maravillosos dones espirituales, empiezan un ministerio con el verdadero deseo de transformar a la gente, pero después de años en éste, la presión de transmitir palabras proféticas y continuar con sus ministerios crea un desempeño como de rueda de ratón. He visto a algunos ministros empezar a tomar atajos, para otros, es cuestión de ganancia personal y prestigio. En vez de buscar revelaciones puras de Dios, estos ministros, dominados por el orgullo y la inseguridad, deciden falsificar revelaciones a través de búsquedas en internet, este tipo de profecía fabricada ha provocado que algunos cristianos se alejen de recibir o dar palabras de conocimiento. Esto me parece muy triste, porque escuchar a Dios nos debe *alejar* de actuar por nuestra propia cuenta, ¡no al revés!

Por cada profecía falsa, hay una verdadera, y cuando llega, es como una luz que expulsa la oscuridad, cambia lo que había antes con la realidad que dice: "Dios está aquí, Él está conmigo, y Él es bueno".

No podemos permitir que mentirosos y ladrones establezcan una referencia sobre cómo ministramos utilizando buenos dones espirituales. ¿Te imaginas descubrir que tu aclamado profesor de arte o que tu artista favorito nunca han producido una pintura original, sino que han falsificado todas sus obras?, ¿No te haría cuestionar la autenticidad del mundo del arte?, ¿No empezarías a preguntarte si incluso las obras de Picasso son un fraude?, ¿Qué hay de Miguel Ángel y la Capilla Sixtina?, ¿Cómo puedes recuperar tu fe en la belleza y la originalidad de las bellas artes después de descubrir las mentiras deshonestas de tu profesor de arte o de tu artista favorito?

Las mentiras y la manipulación, cuando se trata del don de las palabras de conocimiento, pueden provocar lo mismo en la fe de una persona. Pero podemos sanar, y nuestra fe bajo el poder de la auténtica revelación por parte de Dios puede ser recuperada, cuando nos rodeamos de cosas que son hermosas y reales, cuando buscamos los verdaderos dones de Dios y escuchamos a personas que son auténticas, podemos ser curados de nuestra incredulidad. El temor de ser engañados nuevamente desaparecerá cuando encontremos la credibilidad de una cultura profética basada en el amor verdadero.

Tenemos que practicar los dones a la luz del amor y de la responsabilidad. Éstas son herramientas poderosas, pero no deben ser nuestro único propósito. Debemos desear el don, ya que es una manifestación del amor de Dios que está siendo derramado en nuestras vidas. Finalmente, nos ayudan a conectarnos con otros y a guiarlos a tener una relación con Jesús.

UNA MUJER LLAMADA JILL

Recuerdo una época en la que ministré en la Iglesia de Bethel in Redding, California. Me sentía capturado por el Espíritu y estaba tomando unos riesgos enormes (más sobre riesgos en el Capítulo 6), profeticé a una mujer llamada Jill, y conforme oraba para obtener una revelación, comencé a recibir no solamente información, sino un mensaje del corazón de Dios para ella - ¡Su corazón original y conectado! es maravilloso sentir el amor íntimo de Dios hacia una persona. Para mí, ese nivel de conexión es uno de los principales beneficios de la revelación profética.

Seguí realizando la ministración con Jill y comencé a profetizar cosas muy específicas acerca de su madre, Ruth, quien había fallecido, Ruth había sido misionera, y mencioné el nombre de países en los que había estado por algún tiempo, entonces mencioné otro país: Japón, en donde ella había pasado muy poco tiempo pero con el que había sentido una enorme conexión. Sentí que el Señor le daría a Ruth la nación de Japón como una herencia (ver Salmo 2:8), así que le dije a Jill que ella continuaría con el legado de su madre y terminaría su trabajo, entonces el Señor me dio una revelación sobre algunos problemas médicos por los que el papá de Jill estaba atravesando y me sentí obligado a decirle que su papá iba a estar bien, a pesar del susto de salud.

Continué hablando: *"Veo que te adoptaron en Chicago, pero tu mamá le está diciendo a Jesús que no podría haberte amado más incluso si hubieras sido de su propia sangre. Tú eres su familia".*

¡Para los dos fue uno de esos maravillosos momentos que cambian vidas! Jill recibió el cierre espiritual de lo que se había convertido en un profundo problema de valía y significado, así como en una orientación de lo que Dios tenía planeado para su futuro. Para ella, esta experiencia fue como un beso de Dios. Le había dado Su orientación, y nos sentimos profundamente conmovidos y esperanzados.

Todo el encuentro fue grabado en video y luego publicado

en internet, dando a un grupo de cristianos que no creían en los dones espirituales acceso a la conversación. Buscaron la página de Facebook de Jill tratando de desacreditarme y de encontrar alguna de la información que yo había profetizado. Básicamente analizaron el video y alegaron que había tenido acceso a esta información antes de ver a Jill, aun cuando nunca antes había visto su página de Facebook, estaban convencidos de que lo había hecho y me acusaron de manipular la información para hacer que mi palabra pareciera auténtica y poderosa. (Sería muy cansado hacer esto – intentar averiguar quién va a estar en las reuniones, investigar a esas personas, y después darles presentaciones muy emotivas), pero eso fue lo que creyeron que yo había hecho.

Entiendo porqué estos grupos tratan de "exponer" a personas que realizan profecías falsas, pues ha habido mal uso de ello y tantos errores. Además, la mayoría de la gente con este enfoque expositivo simplemente no tiene fe de que Dios pueda hablarle a las personas hoy en día, o que pueda ser tan bueno y bondadoso, probablemente hayan presenciado dones proféticos, y con una comprensión limitada los hayan agruparon con lo que ellos consideran espiritualidad falsa.

A menudo, las palabras de conocimiento son malinterpretadas y a veces son un área de estudio decepcionante para la iglesia, pero creo que Dios trabaja a través de Su pueblo para cambiar eso. Creo que es un campo en el que Dios quiere educar e iluminar a la gente.

Todavía oro por Jill. Fue maravillosa en cuanto a la investigación escéptica y sin que yo se lo pidiera, incluso escribió una publicación al respecto:

'YO SOY JILL'

"Yo soy uno de esos ejemplos perfectos de alguien a quien no pudiste haber investigado en línea. Incluso si alguien hubiera visto mi página de Facebook y hubiera visto referencias sobre enfermería y que mi

cumpleaños fue el 30 de Septiembre, yo nunca menciono mi adopción (no porque me avergüence de ella, sino porque simplemente nunca se presenta el tema, y la mayoría de mis amigos cercanos ya saben eso de mí). Nunca he mencionado que nací en Chicago (nuevamente, no porque estuviera tratando de ocultarlo – simplemente no ha surgido el tema), y ni siquiera tenía planeado acudir a la conferencia. Esa mañana, se llevó a cabo una conversación entre tres personas (privada) a través de mensajes de Facebook, correo electrónico y de un grupo cerrado de Facebook del que no formas parte, para finalmente hacer que fuera. Así que no hay ninguna posibilidad de que pudieras haber sabido que yo iba a estar ahí, porque no lo publiqué en Facebook sino hasta después".

"Creo que el nombre completo de mi madre aparece en mi página de Facebook en una nota que escribí sobre ella cuando se estaba muriendo (la historia de su vida). Pero me mencionaste su segundo nombre, no el primero, lo que no noté la primera vez. Pero si lo hubieras sacado de mi página de Facebook, hubieras mencionado su primer nombre. Si hubieras mencionado su primer nombre, no habría tenido ninguna duda, pero el hecho de que hayas usado su segundo nombre fue realmente una de las cosas que me ayudaron a saber que estabas escuchando a Dios y no sólo que habías leído mi Facebook".

"Eso ni siquiera pasó por mi mente, pero cuando los investigadores comenzaron a hablar mal, esa fue una de las cosas en las que pensé. Si hubieras leído mi página, también hubieras mencionado Persia, en donde ella inició como una niña misionera, lo cual había destacado en mi nota sobre ella en Facebook. Y la conversación que tuvimos sobre el periodo de diez años que fueron difíciles, eso nunca lo he mencionado en línea. He tenido conversaciones con mis amigos sobre ésto, y una conversación con un pastor de las que no puedes haberte enterado. Ni tampoco hubieras podido saber que yo pensaba que "hubiera preferido que las cosas gloriosas me hubieran ocurrido cuando tenía veinticinco años". No podías haber sabido el enorme miedo que tenía en mi corazón de que mi padre muriera, cuando mi mamá estaba pasando por ese proceso, porque soy más cercana a él, y cómo él me decía, "Bueno, yo

moriré algún día así que..." *o que él había estado enfermo durante su segundo aniversario, con la misma enfermedad que se había llevado a mi mamá el 20 de febrero, o que lloré ese día porque pensé que se iba a morir. Mientras iba a conseguir su antibiótico y bajé por la calle para buscar a la chica que cuidó a mi mamá y le pedí que se sentara junto a él, porque yo realmente pensaba que se iba a morir, y él decía que estaba listo*".

"*No mencioné nada de eso en línea, así que no había ninguna forma de que lo hubieras sabido antes. Para mí, debido a la conversación que había tenido cuatro días antes con Danny Silk (un pastor de Bethel en Redding), sabía que la palabra que dabas venía directamente de nuestro Señor hacia mí. Estaba a punto de desviarme y me sentía destruida al respecto, pero pensé que de alguna forma debí haberme equivocado al escuchar a Dios. Dios estaba diciéndome: "Sigue en el camino. Voy a llevar la manera para avanzar. Hay mucho más todavía*".

"*Para aquellos que creen que investigas a todos y que están tratando de armar una gran y elaborada teoría, puedo decirles con plena confianza que sé que eso no es verdad y que Dios Mismo me habló a través de ti justo en el momento que lo necesitaba. Tres de los pastores allí en Bethel sabían exactamente en qué parte del camino me encontraba, y los demás me conocen desde hace más de veinte años. Sabían exactamente lo que la palabra que me diste significaba para mí y que tan importante era.*"

"*Te lo he agradecido muchas veces, así que esto es principalmente para aquellos que cuestionan tu integridad y carácter, porque yo conozco la verdad. Gracias nuevamente. Ni siquiera los directores sabían que yo iba a estar en esa conferencia. No he asistido a una que no sea sólo para miembros de Bethel desde que estaba en la Escuela Ministerial, en 1997.*"

No necesitamos defendernos, pero sí necesitamos desarrollar este maravilloso don de las palabras de conocimiento, porque queremos todo lo que Dios quiere. Si entras en debate con cristianos que no creen en este don, nunca vas a llegar a ningún lado. En vez de eso, usa la energía para orar por ellos y creer que Dios les dará una experiencia como la del rey Saúl y el apostol Pablo en esta área. Dios ha cambiado incluso muchas de mis creencias personales, y algunas áreas en las que antes sentía que le servía a Él completamente, se han vuelto irrelevantes en comparación con lo que he descubierto sobre Su amor.

Es interesante que en muchos de los encuentros que tengo y que son analizados, las personas que dicen que robe información de algún otro lugar y que lo use como profecía, asumen que la información pública sería suficiente para hablarle al corazón de un cristiano, especialmente a una persona madura. Solo deleitar los oídos de alguien al mencionar algunos detalles, no es experiencia suficiente para una persona que realmente busca palabras proféticas provenientes del corazón de Dios, con el propósito de avanzar en su vida espiritual.

LECTURA EN FRÍO/MENTALISTAS

Uno de los principios más importantes que necesitamos entender es que por cada práctica espiritual falsa, probablemente haya algo muy bíblico, algo que revele el corazón de Dios, en otras palabras, muchas de las prácticas espirituales falsas se basan en algo completamente bíblico, algo sobre lo que el diablo quiere tener poder, así que fabrica su propia versión. El enemigo es inteligente, sin embargo no es capaz de crear, pero sí puede manipular lo que Dios diseñó originalmente para conectarse con nosotros, nunca debes sentir miedo de algo espiritual que no provenga de Dios porque, esencialmente, tú tienes más poder que aquello que es falso.

Muchas personas desconocen los dones de revelación, su poca experiencia con lo espiritual ha sido a través de amigos que no van a la iglesia o a través de información sobre lo sobrenatural que no se centra en Cristo, su único ejemplo de lo profético podría ser un psíquico, un lector espiritual o un místico. Los medios de comunicación modernos están fuera de control con respecto a lo sobrenatural o lo paranormal, piensa en todos los espeluznantes programas de televisión, series de reality shows y películas enfocadas en la espiritualidad y en lo paranormal. La versión de lo real muy a menudo se encuentra clasificada con las versiones menos importantes (mejor conocidas como falsas).

Los fenómenos psíquicos y de médiums, al igual que muchos otros tipos de búsqueda espiritual, simplemente no incluyen a Jesús. No están conectados ni comprometidos con una teología bíblica, ni basados en una relación entregada a una vida de amor a través de Jesús. Dios quiere que todos tengan un encuentro con Él, que sientan cuánto los ama, puede usar a cualquier persona o a cualquier cosa para comunicarse, ¡Es Dios! pero constantemente usa sólo a aquellos que tienen una relación con Jesús y que transmiten revelaciones sobre Él.

Sin embargo, conforme llevamos a cabo los dones de revelación dentro del cristianismo y compartimos lo que Dios nos muestra, algunas veces se nos podrá acusar de ser como la versión terrenal. Los que nos acusan nunca han sabido lo que es estar conectados con Dios, tristemente, los cristianos que no entienden los dones de revelación pueden ser a veces los peores enemigos de éstos, ya que buscan una manera de "indescifrar" lo que la revelación debe descifrar – la presencia de Dios manifestándose en el aquí y en el ahora como resultado de Su gran amor por nosotros.

BUSCA A LA FUENTE

Como creaciones de Dios, somos intuitivos, perceptivos, e incluso espiritualmente conscientes antes de llegar a Cristo. Dios ha desbloqueado y ha puesto a disposición de las personas algunos de Sus dones, incluso si no llevan una vida conectada a Él a través del cristianismo, es por eso que algunas personas parecen haber nacido con más aptitudes para los dones espirituales, mientras que otros podrán nacer con más aptitudes atléticas o talento musical. Fuimos creados para glorificar a Dios en diferentes áreas y estamos conectados para actuar y colaborar con Él de estas maneras específicas utilizando nuestros dones, algunas personas que se consideran psíquicas son realmente profetas, pero no tienen una relación con Jesús, por lo tanto, su revelación no inicia o tiene una conexión con Su corazón.

Cuando te preguntes sobre la espiritualidad de la gente y la manifestación de los dones sobrenaturales o espirituales, la fuente es vital. Cualquier persona que persiga la motivación espiritual, o que tenga como objetivo alentar a otros a través de la lectura espiritual, y no tenga una relación personal con Jesús, probablemente será sólo una persona espiritualmente dotada. No querremos buscarlos por su don de revelación, en el mejor de los casos, nos arriesgamos a obtener una interpretación errónea basada en su propia expectativa o experiencia espiritual; en el peor de los casos, puede ser utilizada por el reino demoníaco. Realmente queremos escuchar a Jesús hablar de lo que Él quiere, nuestro propósito a través de la revelación es servir Sus planes, no los nuestros. Nos enamoramos de Sus deseos, a través de su mente y voluntad, nos sentimos completos.

Además, las personas que no son cristianas y que trabajan con los dones de revelación tampoco tienen los límites relacionales que nosotros, como cristianos tenemos, sabemos que no siempre tenemos que estar en "encendido" o conscientes espiritualmente de todo lo que sucede a nuestro alrededor, pero podemos encomendarnos al Espíritu viviente de Dios. En lugar de tener un discernimiento y percepciones desenfrenadas, sin entender lo que estamos sintiendo, realmente podemos escuchar cuando lo necesitemos y luego estar en un modo de "sólo cuando se necesite saber" con nuestro don, crecemos en nuestra comprensión – no a través de fórmulas o rituales, a través de nuestra relación personal con Dios, aprendemos a traducir lo que Él nos dice a nosotros y al mundo que nos rodea.

Piensa en Daniel, él daba lecturas espirituales justo como los astrólogos de Babilonia, pero las palabras de conocimiento de Daniel estaban arraigadas en su relación con Dios, fue llevado con el Saddam Hussein de su época y le pidió que interpretara su sueño.

"Daniel respondió delante del rey, diciendo: El misterio que el rey demanda, ni sabios, ni astrólogos, ni magos ni adivinos lo pueden revelar al rey, pero hay un Dios en los cielos, el cual revela los misterios" (Dan. 2: 27-28).

Daniel confió en que Dios le daría la revelación a los incrédulos, pero sabía que dependía de los amigos de Dios interpretar adecuadamente el corazón de Su revelación, como resultado del amor y no de una superstición espiritual, Daniel fue al rey a darle la revelación proveniente de Dios. Dios eligió a su amigo para dársela.

MINIMIZANDO EL OBJETIVO DE LA REVELACIÓN

La realidad es que cuando alguien busca la revelación para lograr sus propios propósitos y no para tener una conexión espiritual con Dios, el tipo de preguntas que harán serán egoístas y por lo general indicaran una falta de identidad. Buscan ayuda a través de números de lotería y preguntan si deberían terminar la relación con su novio o novia actual (dos de los temas más populares en Estados Unidos: la economía y las relaciones amorosas). Cuando buscas una relación que esté conectada con Dios y deseas escuchar Su voz, no sólo estás buscando que tus necesidades se cubran, por supuesto, si alguien es soltero, salir con alguien podría ser un tema importante para ellos, más no será el centro de su relación con Dios, ya que las Escrituras claramente nos instan a llevar una vida que glorifique a Jesús. La abundante vida que buscamos ocurre cuando nos entregamos a Él (ver Juan 10:10).

En otras palabras, si buscas la revelación sólo para obtener lo que tú necesitas, aún no has entendido, pero si buscas la revelación para conocer a Dios, y a través de esa relación le pides por tus necesidades, entonces eso es muy diferente. Es una diferencia sutil pero importante. El primero se centra en uno mismo; el segundo se centra en la relación, la mayoría de los encuentros de ministerios proféticos que resultan negativos se dan cuando la persona que está ministrando siente que él debe de cubrir las necesidades de alguien más en lugar de ministrar de acuerdo a los deseos de Dios.

OBJETIVOS DEL MINISTERIO PROFÉTICO

Cuando alguien lleva a la práctica la profecía únicamente como un don para cubrir las necesidades de otros, el desequilibrio suele ser el resultado. Dios nunca quiso que las personas que seguían el don de la profecía fueran máquinas bien engrasadas. Buscamos escuchar a Dios para llevar Su amor al mundo, a veces, ese amor crea tantos problemas como los que arregla, porque escuchar a Dios es una invitación a un proceso diferente, a veces tenemos que renunciar a todo plenamente para caminar con Él, y esto se conflictúa con cualquier cosa "normal" que tengamos.

Piensa en el hombre rico que fue a ver a Jesús y le preguntó, "¿Cómo puedo entrar al Reino de los cielos?" Jesús sabía, que al joven le preocupaban más su estilo de vida y los placeres que su riqueza le daban, que cualquier otra cosa, encontraba su identidad en lo mismo que destruía su potencial para tener una vida verdadera, entonces, Jesús lo abordó y dijo con amor: "Vende todo lo que tienes y dáselo a los pobres". Las palabras de Jesús eran una agresión no sólo hacia la personalidad del hombre, sino también a su identidad. El hombre se alejó confundido y desanimado, porque no estaba listo para renunciar a su vida. No estaba listo para que Jesús se metiera con su aspecto "normal".

Para aquellos de nosotros que hemos estado en contacto con la profecía, a menudo pensamos en ésta como el don "enmendador" de la iglesia, esperamos escuchar algo que resuelva nuestros problemas cotidianos y que ponga fin a nuestro sufrimiento o a la injusticia.

Un respiro como éste puede realmente ocurrir. Después de todo, Dios es el proveedor de una enorme gracia que no merecemos, pero Su propósito con cada revelación es acercarnos más a Él. En la profecía, vemos a un Dios peleando por la relación con Sus hijos. Vemos una imagen de Jesús que se alegra con nuestra búsqueda de Él y que no puede evitar hablar de Sus pensamientos con aquellos que un día gobernarán Su reino a Su lado. Aplicar estas imágenes al propósito que existe detrás de la profecía nos hace buscar la revelación de manera diferente que como sólo un don con el potencial para resolver problemas, existe una motivación más profunda que se centra en una conexión con Dios que tiene el poder de cambiar vidas.

Recuerdo la primera vez que ministré utilizando palabras de conocimiento ante una multitud grande. Creó tanto anhelo en la gente por conectarse con Dios que me presionaron. Me presionaron, haciéndome preguntas muy difíciles y muy tristes: "¿Debería divorciarme de mi esposo?", "¿En dónde se encuentra mi hijo de 33 años? Está extraviado, ¿Lo puedes ver?", "¿Me va a matar este cáncer?"

Me di cuenta que muchas personas en la iglesia tienen una relación muy poco satisfactoria con Dios, incluso dentro de gran parte del cristianismo, existe una desconexión entre Dios y el hombre. No sabemos o creemos que Él viva dentro de nosotros, y que desea guiarnos de formas reales y con Su amor ayudarnos a navegar por nuestros problemas, de alguna manera, no necesitamos una "palabra" que nos dé una solución; necesitamos una relación con Dios para hacer eso. Entiendo el deseo que puede haber cuando algo falta en nuestras vidas para tratar de obtener afirmación, pero a veces podemos sólo estar buscando una solución rápida en vez de una relación con el Dios al que servimos.

Por otro lado, también me demuestra lo rápido que necesitamos crecer en estos dones. ¿Te imaginas si pudiéramos ser una voz que hablara sobre algunos de los dilemas más críticos de la humanidad?, ¿Qué tal si pudiéramos ayudar a la policía local a encontrar a personas desaparecidas?

Conozco una iglesia en Vacaville, California que está empezando a ganar más y más confianza por parte de la policía local al ayudar en casos de personas desaparecidas. ¿O qué tal si fuéramos parte de grupos de reflexión y pudiéramos realmente hablar sobre un producto que cambia vidas y que llegará pronto al mercado? Yo sí creo que Dios quiere usar a Su pueblo de esta manera. Las Escrituras dan fe de esto, a Daniel y a José los buscaban para interpretar sueños y dar palabras de conocimiento, a veces gente con motivos incorrectos, pero Dios los utilizó no sólo para bendecir a aquellos a quienes servían, sino para mantener a salvo a Su pueblo.

LA GENTE JUZGA LO QUE NO ENTIENDE

Justo como lo mencioné anteriormente en mi historia sobre Jill, serás acusado por personas dentro de la comunidad religiosa que no entienden lo hermoso que puede ser escuchar el corazón de Dios. Las personas te juzgarán – en base a los fracasos de otros, a películas que presentan a falsos evangelistas, tele-evangelistas a quienes atraparon utilizando auriculares, y cualquier otra cosa sensacionalista que contradiga a los maravillosos dones de revelación. Pero si Jesús (a quién algunas personas de la comunidad religiosa le llamaron el mismo diablo) es nuestro modelo y podemos relacionarnos con lo que el Padre le dice a un mundo perdido y en proceso de muerte, el beneficio de ver a Jesús obtener Su recompensa supera por mucho los juicios de otros, puedes colocarte debajo de ellos, inclinarte ante ellos, o colocarte por encima de ellos.

Cuando lo verdadero surge, la gente olvida el peor ejemplo o lo falso. A través de ti, sentirán el maravilloso amor que Dios les tiene, en vez de preocuparte por lo que el enemigo y las personas falsas hacen, sólo trata de ser tan auténtico como sea posible. No podrás evitar la crítica, pero si sigues adelante ¡tampoco te perderás de unos encuentros gloriosos con Dios que Él ha preparado para ti y para otros!

5

COMPARTIENDO LA MENTE DE DIOS: LA NEUROLOGÍA DE LA REVELACIÓN

La gente me pregunta todo el tiempo cómo escucho a Dios, a menudo me ven incrédulos cuando les digo que ellos también lo pueden escuchar de la misma forma. El Espíritu Santo es literalmente el intermediario, entrelazando nuestros pensamientos con Dios. Debido a que compartimos Su Espíritu, podemos conocer los pensamientos más íntimos de Dios.

El capítulo dos del primer libro de Corintios nos brinda un maravilloso pasaje que revela nuestra relación con Dios. El mensaje de Pablo a Corinto es una prueba de que aquello por lo que Jesús oró en Juan 17:24 (que Él quiere que estemos donde Él está y seamos testigos de Su gloria) es posible. Por generaciones en el Antiguo Testamento, Dios reprendió a Su pueblo por su rebelión, preguntándoles: "¿Quién conoce mi mente tanto que sea capaz de instruirme?" Antes de Cristo, esta era a menudo la respuesta de Dios, cuando el hombre razonaba con su propio intelecto, acerca de quién era Él y La naturaleza misteriosa de Sus caminos.

Luego, en el Nuevo Testamento, en ese pasaje que cambia todo (ver 1 Cor. 2:10-16), Pablo describe cuáles eran las intenciones que Dios siempre tuvo para Su creación: Dios desea compartir Su mente con nosotros. Quiere que conozcamos las cosas que piensa y sintamos la profundidad de Su corazón. Pablo incluso menciona que el Espíritu Santo busca las "partes más profundas de Dios" y las asocia con nosotros:

> ... Estas son las cosas que Dios nos ha revelado a través del Espíritu. Porque el Espíritu todo lo escudriña, aun lo profundo de Dios. Porque ¿quién de entre los hombres conoce las cosas del hombre, sino el espíritu del hombre que está dentro de él? Del mismo modo, nadie conoce los pensamientos de Dios más que su Espíritu. Y nosotros no hemos recibido el espíritu del mundo, sino el Espíritu que proviene de Dios, para que sepamos lo que Dios nos ha concedido. De estas cosas hablamos, no con palabras enseñadas por la sabiduría humana, sino con las que enseña el Espíritu, acomodando lo espiritual a lo espiritual. Pero el hombre natural no percibe las cosas que son del Espíritu de Dios, porque para él son locura; y no las puede entender, porque se han de discernir espiritualmente. En cambio, el espiritual juzga todas las cosas, sin que él sea juzgado por nadie. "¿Quién conoció la mente del Señor? ¿Quién lo instruirá?" Pues bien, nosotros tenemos la mente de Cristo. (1 Cor. 2: 10-16).

¿Qué significa tener la mente de Cristo o que el Espíritu Santo busque los pensamientos profundos de Dios para revelarlos a nosotros?

Antes de que Pablo dijera esto en la iglesia de Corinto, esta verdad nunca antes había sido mencionada o escrita. Dios pasó cientos de años esperando que el pueblo de Israel conociera su mente, pero en el Nuevo Testamento Él dice a los creyentes: *A través de Cristo, puedes saber lo que estoy pensando... puedes compartir mis intenciones y mi corazón.* Incluso dice que un hombre que no tenga una naturaleza espiritual, no entenderá la importancia de ésto ni lo aceptará como verdad. Rechazar esta verdad, es rechazar una relación con Dios. Al impartirnos Sus pensamientos, de la manera más profunda, Dios nos da acceso para comprenderlo verdaderamente de una forma libre y entusiasta.

COMPARTIENDO ESPACIO MENTAL CON DIOS

He enseñado a miles de personas a través de clases proféticas, seminarios, conferencias y cursos en línea. Una de las primeras cosas que hacemos durante un entrenamiento práctico es identificar en qué forma escuchan a Dios los estudiantes. La principal forma para casi todas las personas, son las impresiones o sensaciones: Pensamientos o sentimientos que tienes y que llegan a tu mente o a tu "espíritu". La mayoría del tiempo, parecen como nuevos pensamientos que no habías tenido y que de repente son parte de tu proceso de pensamiento — pensamientos "descargados" por decirlo de alguna forma. Contamos con nuestra consciencia interior en la que que muchas veces la voz de Dios también participa.

Cuando las personas me preguntan cómo escucho a Dios, siempre pienso que quieren escuchar todas estas historias épicas de proporciones bíblicas. Gracias a Dios, sí he tenido algunos encuentros bastante notables. Pero en su mayoría, mi descripción de escuchar a Dios es compartir el espacio mental con Él. Comparto Su mente y Sus pensamientos. He aprendido a distinguir cuando esos pensamientos son Suyos o míos. Sus pensamientos generalmente son hermosos y me ayudan a concentrarme en el amor y en mi relación de una manera natural, porque Él vive dentro de mí. Incluso como alguien que ha crecido en la iglesia, mi tendencia humana sería desconectarme o desasociarme la mayor parte del tiempo. Pero dado a que elijo tener una relación con Él y con los demás, Sus pensamientos y Su verdad – e incluso Su capacidad para hacer que la Biblia cobre vida a través de mí, – me ayudan a enlazarme y a permanecer conectado y presente. A veces Dios suena como una voz en tu cabeza porque Él vive dentro de ti. Puedes aprender a distinguir cuando se trata de Él o cuando se trata de ti. Puede ser tan sencillo como identificar los deseos egoístas de los desinteresados. A veces, es mucho más complicado que eso.

¿Alguna vez has estado seguro sobre una decisión importante y luego, a través de una interacción social, terminaste cambiando de opinión? Su Espíritu dentro de nosotros ayuda a nuestro carácter e influye en nuestros deseos, haciendo que tomemos decisiones muy diferentes aunque sólo tuviéramos nuestros propios pensamientos y procesos, sin Su inspiración.

Todo el tiempo tomamos decisiones complicadas en cuanto a nuestras relaciones, conflictos, preferencias, ansiedades y experiencias pasadas. Si no sabemos cómo crecer en nuestra conexión con el corazón y la mente de Dios, esta falta de conocimiento o práctica provocará interrupciones y la toma de malas decisiones, o por lo menos, elecciones inferiores a aquellas que hacemos cuando escuchamos la voz de Dios.

Aprender a distinguir tus deseos y pensamientos, de Sus deseos y pensamientos requiere de un corazón que use el discernimiento, de autoconocimiento y de inteligencia emocional. Estas son habilidades esenciales, ya que mientras más aprendas a conectarte con los pensamientos de Dios y con las revelaciones que hay en Su corazón, más aprenderás a ver más allá de tus propias opiniones y reflexiones sobre la vida.

La mayoría de mis palabras de conocimiento llegan como pensamientos. A veces es una asociación de palabras, como ver a un amigo que quiero mientras estoy viendo a alguien más. Puedo "tomar prestado" mi cariño y conexión con ese amigo antes de hablar con una nueva persona. Podrían tener el mismo nombre, lo que sucede todo el tiempo. Por ejemplo, podría ver a mi amigo Jeremy y luego descubrir que el nombre de la persona a la que estoy ministrando también se llama Jeremy. Por unos cuantos minutos, mientras oro e interacciono con esta persona, tengo la oportunidad de quererlo igual de lo que quiero a mi amigo.

Sin embargo, para realmente entender la mente de Cristo, tenemos que ver cómo funciona la mente humana.

LA CONEXIÓN ESPIRITUAL- HUMANA A TRAVÉS DE LA NEUROLOGÍA

Conforme sigo desarrollándome en las palabras de conocimiento, me encuentro queriendo saber más acerca de la conexión que existe entre lo humano y lo espiritual. En los últimos años, he estudiado vagamente algo de neurología (la biología del cerebro) y de neurobiología (la biología del sistema nervioso) para tener un mayor entendimiento sobre cómo funciona este maravilloso don.

Lo que estoy aprendiendo es que la ciencia de la mente humana tiene similitudes con la ciencia de la mente espiritual. Puedo ver un proceso parecido a lo que experimentamos en nuestro desarrollo espiritual. Además del universo, creo que nuestra red neuronal es lo más difícil que Dios ha hecho. Incluso al crear inteligencia artificial, solo podemos imitar este proceso tan complicado. Ni siquiera podemos lograr una fracción de los sofisticados patrones cerebrales y las interfaces neuronales que Dios tan libremente nos dio.

La capacidad de nuestra mente para procesar la información, también actúa como un prototipo que nos ayuda, además, a entender cómo procesa información nuestro espíritu. Debido a que tenemos la mente de Dios, nuestras mentes parecen cruzarse con la de Él. Recibimos sensaciones, imágenes o pensamientos que se entrelazan con los enormes, divinos y amorosos pensamientos de Dios, de una forma muy parecida a cómo nuestros dispositivos inteligentes reciben las actualizaciones.

Tan pronto como empecé a buscar las palabras de conocimiento, comencé a recibir revelaciones de una manera diferente a cuando sólo eran imágenes creativas o sueños que tenían que ser interpretados. A veces, siento como si me llegara un enlace directo de la mente de Cristo, y puedo sentir, escuchar o imaginar Sus pensamientos sobre el mundo que me rodea. Es como una intercalación entre Sus pensamientos y los míos. De repente, tengo sabiduría que no tenía antes de la transfusión espiritual.

Los paralelos humano-espiritual se vuelven bastante claros cuando vemos lo que ocurre fisiológicamente en nuestros cerebros. Así como tenemos una red neuronal a través de la cual todas nuestras neuronas o energía cerebral, fluyen para crear pensamientos conectados entre nuestros órganos y sistemas, también tenemos una red interna a través de la cual fluye el Espíritu de Dios. En base a diferentes experiencias de vida y a una educación continua, los patrones neuronales forman neuronas que se encienden en nuestros cerebros. Las neuronas crean caminos que hacen que la red de nuestra inteligencia y de nuestros pensamientos crezca, conectando nuestros pensamientos conscientes de maneras más efectivas.

A veces, si tenemos una conexión más profunda con un tema que nos preocupa o una conexión con alguien a quien queremos mucho, nuestras neuronas imitan a las demás y forman patrones neuronales similares o casi similares en nuestro cerebro. Estos patrones neuronales, también crean una red neuronal, de manera que, conforme interactuamos, creamos una estructura mental parecida, en la que las neuronas se activan e interactúan.

LAS NEURONAS QUE SE ACTIVAN JUNTAS, PERMANECEN JUNTAS

Durante mi investigación, me encontré con una frase inventada en 1949 por Donald Hebb, un neuropsicólogo canadiense: "Las neuronas que se activan juntas, permanecen juntas." El axioma de Hebb nos recuerda que cada experiencia, pensamiento, emoción y sensación humana activan miles de neuronas, las cuales forman una red neuronal. Las neuronas, al funcionar juntas, refuerzan las conexiones neuronales.

Formamos alianzas o conexiones espirituales de la misma forma. La activación neural desencadenada por la experiencia es la manera en que todos los patrones neurales se convierten en patrones de respuesta y la forma en que maduran todas las estructuras del cerebro.

Uno de mis estudios favoritos fue hecho por Daniel Siegel, un neurólogo de UCLA que está siendo pionero de un nuevo pensamiento dentro de la comunidad neurobiológica, al mencionar la neurobiología interpersonal. Él dice que el cerebro es el único órgano del cuerpo que se desarrolla a través de la interacción social. En su investigación, Siegel explora cómo las interacciones con otras personas nos afectan neurobiológicamente conforme crecemos y envejecemos.

"A nivel individual, las neuronas en las regiones del sistema límbico – el centro de nuestro aprendizaje emocional que es fundamental para nuestro sentido de identidad personal y social – no están totalmente conectadas al nacer," Siegel escribe en su libro "La Neurobiología del Nosotros: *Cómo las relaciones, la Mente y el Cerebro Interactúan para Formar Quienes Somos*[1]. "Están genéticamente impresas para formar conexiones sinápticas a través de las experiencias sociales que tenemos con aquellos más cercanos a nosotros."

Estas conexiones tempranas ocurren a través de nuestros padres, o de quienes los neurobiólogos llaman "guardianes". Siegel menciona que los guardianes activan el crecimiento de estas regiones en el cerebro a través de la disponibilidad emocional y las interacciones recíprocas. Esto incluye a las hormonas del apego y del placer que se liberan con las relaciones cercanas. Así es como se establecen todos los patrones de vinculación en el cerebro; también es así como pueden cambiar. Siegel explica, "Los patrones de energía e información que se establecen en estas etapas tempranas desarrollan la estructura real de estas regiones límbicas (donde llevamos a cabo nuestro aprendizaje emocional)."[2]

[1] *The Pocket Guide to Interpersonal Neurobilogy (La guía de bolsillo para la Neurobiología Interpersonal)* // Capítulo19
[2] *Trauma called Healing Trauma (Trauma llamado Trauma Sanador)* // Daniel Siegel

Esto significa que los cimientos de la percepción, particularmente en cuanto a relaciones se refiere, dependen de la calidad de estas interacciones tempranas con nuestros padres.

Piensa en esto, teniendo en cuenta la naturaleza protectora de Dios hacia nosotros y cómo nos desarrolla, no sólo externa y espiritualmente sino también interna y mentalmente. Ahora que sabemos que el cerebro es un órgano socialmente desarrollado, entendemos que, como guardián de nuestra mente espiritual, Dios permite que nuestros procesos de pensamiento espiritual se formen siguiendo la misma línea que Su propia manera de pensar.

Conforme oramos y leemos la Biblia y nos conectamos con lo que dice, ¡la mente de Dios y la nuestra empiezan a conectarse! No es sólo una cosa invisible; nuestra red neurológica realmente se expande. Tanto nuestro cerebro como nuestro espíritu maduran juntos.

¿Y con otros creyentes? Compartimos ideas bíblicas fundamentales así como el corazón de Dios. De repente, tenemos una red espiritual interna que cobra vida junto con las neuronas espirituales que bajan por nuestra red espiritual para crear una vida profunda en el Espíritu de Dios.

Entonces, puedes ver que si comparamos la neurobiología de nuestra mente con la de nuestra mente espiritual, la interacción con Dios como nuestro principal guardián crea todo un marco de referencia de cómo responde nuestra mente espiritual. Ésta sólo se desarrollará a través de interactuar con Él, a través de Su Palabra y de Su Espíritu.

Ésto crea una sinergia en la relación, en donde nuestra experiencia como cristianos, teniendo a Dios como nuestro guardián y proveedor a través de su Espíritu, forma una estructura con Su carácter y personalidad dentro de nosotros. En este tipo de relación, nuestros pensamientos se unen con Sus pensamientos.

Fuimos creados como seres sociales y relacionales, para estar conectados a un nivel mental, físico y espiritual. Esta pequeña muestra de neurobiología que he presentado sólo te muestra que tan profunda es esta conexión relacional y que tan importante es espiritualmente.

Déjame enseñarte cómo funciona ésto en la vida real. Hace algunos años, estaba en una comida con algunos amigos que estaban de visita y venían del sudeste de Asia. Habían traído a un amigo que era el director de un fondo de inversión. Este hombre era brillante en su preparación en una de las mejores universidades de Estados Unidos, así como con su experiencia financiera. Empezamos a platicar, y sentí que Dios me dijo: *él no ha encontrado a un cristiano que lo entienda o que entienda su manera de pensar, pero Yo le di esa mente para las finanzas. Te voy a dar sabiduría y revelación para que pueda sentir una conexión con Mi mente y Mi corazón.*

Empezamos a conversar sobre mercados financieros y en la siguiente hora, hablé como si fuera todo un experto. Sabía cuáles eran las tendencias en finanzas, los mercados de productos, e información bancaria de la que únicamente las personas dentro del capital privado o fondos de inversión podrían haber estado al tanto. Podía darme cuenta que él lo estaba disfrutando a medida que íbamos de un tema a otro, desarrollando una perspectiva del Reino sobre el mundo financiero. Honestamente, nuestra conversación parecía como una sesión terapéutica y como una clase de sabiduría para él y además me llevó a ampliar mis conocimientos sobre temas en los que yo nunca hubiera pensado sin su brillantez.

Cuando nos levantamos de la mesa, mi amigo me miró y me pregunto, _"Ok, ¿qué está pasando? Te conocemos desde siempre, y tú no sabes nada de los temas que estamos hablando. Y sé que no has tenido tiempo para estudiar. ¿esta Dios dirigiéndote? Suenas como si tuvieras que estar asesorando a todo Wall Street en este momento".

Comencé a reír cuando recordé nuestra conversación. Me había escuchado tan inteligente y tan conectado con el mundo financiero, pero ahora todo eso había desaparecido. Podía sentir rastros de la mente de Dios y esos grandes pensamientos en mi mente, pero había sido como si Él hubiera entrecruzado mi mente con la de Él para que yo pudiera entender y hablar sobre algo que estaba mucho más allá de lo que yo hubiera podido pensar o imaginar. No tenía la más mínima formación o experiencia para estar hablando sobre finanzas y poder entenderlas a ese nivel.

Cuando su amigo regresó a la mesa, estaba radiante. "¡Siento como si hubiera tenido la mejor conversación de mi vida!" comentó.

Pude compartir con él lo que había pasado y cómo Dios quería relacionarse con él y hacerle saber que su mente y su manera de pensar eran regalos de Su Reino para el mundo. Se le llenaron los ojos de lágrimas y se sintió sumamente comprendido y amado por Dios. Hasta el día de hoy, sigue convencido de que soy todo un genio en el área financiera.

NUESTRA MENTE Y LA DE DIOS: UNIÉNDOSE Y ACTIVÁNDOSE AL MISMO TIEMPO

Como lo indiqué anteriormente, nuestra mente se activa con la de Dios y se une a Su mente. Mientras más desarrollemos nuestra conexión con Él a través de los dones de revelación, de nuestra actividad espiritual, social y a través de la lectura Bíblica, más se van a expandir nuestras redes neuronales y espirituales y más espacio habrá para que las neuronas y la luz espiritual viajen. No dejes que la palabra "luz" te confunda . No estoy hablando acerca de alcanzar un punto de iluminación como lo hacen muchas religiones. Obtenemos conocimientos por la fe en Jesús como un regalo gratis que ya se está desarrollando en nosotros.

Entender que podemos cambiar a través del proceso mental de Dios que se activa con el nuestro es un enorme salto de fe. Jesús sorprendía constantemente a los Fariseos dándoles diferentes opciones de aquellas que le sugerían a Él (por ejemplo, "Aquel que esté libre de pecado, que arroje la primera piedra" (Juan 8:7)

"Dadle al César lo que es del César" (Marcos 12:17). Hay decenas de estas historias. Jesús compartía la mente de Dios y, al igual que Salomón, el tenía sabiduría extraordinaria. La Palabra estaba viva dentro de Él. No sólo tenía el conocimiento sino las intenciones de Dios para cada una de las Escrituras, así que cuando las utilizaba, se producía una manifestación de Su naturaleza, no sólo de sus palabras.

Hace varios años, durante un servicio religioso en Singapur, en donde estaba ministrando, mencioné el nombre de una mujer y a través de una palabra de conocimiento supe cuándo era su cumpleaños.

"Tienes un perro que se te perdió," le comenté. Ella movió su cabeza en señal de no, pero yo continué. "Este perro se llama Rick, siempre te mordía, se escapaba y rasguñaba y mordía a tus hijos. Pero realmente se escapó y ya no puede lastimarte ni a ti ni a tus hijos. Déjalo ir; nunca lo vas a encontrar. Dios tiene algo mejor para ti que ese perro."

Conforme hablaba, ella lloraba todo el tiempo. Después, se nos acercó a mí y al pastor y nos comentó, "No tengo ningún perro llamado Rick. Tengo un esposo llamado Rick que ha estado de mujeriego y que básicamente nos abandonó. He estado orando por restauración, pero tu palabra me ayudó a darme cuenta que después de veinte años, él no va a dejar de tener amoríos y que yo necesito protegerme y proteger a mi familia. Dios es bueno. Me siento liberada."

Ahora bien, yo nunca le hubiera llamado "perro" a una persona, ni tampoco hubiera dado una palabra para desalentar el matrimonio. Soy demasiado positivo como para hacer eso. Pero obviamente, Dios sabía cómo llegarle a esta preciosa dama y ayudarla porque no podía terminar de tomar una decisión sobre su relación de abuso. Lo hizo de forma tan creativa que ella no se sintió expuesta, y yo ni siquiera sabía lo que estaba pasando.

Las palabras de conocimiento no dependen de tu disposición, ni tus pensamientos, ni tu comprensión, ni incluso de tu inteligencia emocional o interpretación bíblica de la teología. Tal como Pedro dijo, que no podía comer alimentos impuros que Dios le había dicho que comiera, debido a que iba contra las reglas de su fe – en vez de, contra el Señor de Su fe – a veces, seguimos nuestra relación con Dios y ésta nos muestra la naturaleza de la Biblia que previamente hemos malinterpretado.

Tenemos una mente espiritual, que se desarrolla y conecta íntimamente a través de nuestra relación con los demás. Como Pablo dice, tenemos, literalmente, la mente de Cristo y, a medida que Su mente se desarrolla en nosotros, empezamos a crecer en cuanto a nuestra capacidad para obtener sabiduría, revelaciones e ideas profundas que pueden dar forma al mundo que nos rodea.

Hay momentos en que me he sentado con personas y he tenido verdaderos momentos de divinidad, en los que he sentido que no me encuentro limitado a mi cerebro o a mis ideas. Sino que puedo sentir la mente de Dios entrelazándose con la mía, a medida que tengo una consciencia más alta que me permite relacionarme con alguien desde un lugar de amor, empatía, compasión, sabiduría e introspección. No soy únicamente la versión humana de mí. Soy iluminado por la mente del Padre en los cielos, quien tiene pensamientos e ideas originales sobre todos y todas las cosas que ha creado.

Dios envió a su Hijo para restablecernos de acuerdo a Su plan original, y Jesús tiene pensamientos muy reales en cuanto a ésto para cada uno de nosotros, al igual que para cada región geográfica, cada industria, y cada grupo de gente. Estos son planes profundamente planeados, con todos los recursos de los cielos. Como cristianos, mientras más nos acerquemos a Dios para realmente conocerlo, más oportunidades tendremos para alcanzar estos pensamientos, y que sean compartidos con nosotros; al extremo que tengan un efecto en nuestro corazón.

LAS PALABRAS DE CONOCIMIENTO NOS DAN UNA IMAGEN DE DIOS

Me encanta la expresión "Una foto vale más que mil palabras." De alguna forma, un buen mensaje profético vale más que mil sermones. Puede motivarnos y estimular nuestra conexión con Dios, de una manera que muy pocas otras herramientas relacionales divinas pueden hacerlo. Una palabra que describa una "imagen" puede ser definitiva para alguien. Una imagen descrita, o una descripción de algo en sentido figurado, una palabra de acción o una frase que define un momento en la vida de una persona, puede desarrollar su identidad.

Hace algunos años, estaba cenando con mis amigos, el socio del negocio de uno de ellos, llegó junto con su hermano. Compartimos una enorme mesa entre todos. Conforme platicaba con el socio, éste empezó a abrir su corazón con respecto a lo difícil y lo mal que estaba su matrimonio.

"Nunca la dejaría, pero está tan amargada," comentó a través de las lágrimas.

Ocurrieron dos cosas. Vi a una mujer con la que yo trabajaba a quien llamaré Janet. Pensé que quizá esto significaría algo para él. Luego, vi a dos personas besándose en un Ford clásico a altas horas de la noche (no en detalle, más como la memoria vaga de una película que había visto). Pero también pensé que le preguntaría al respecto.

_Creo que Dios quiere darte esperanza con respecto a tu matrimonio. Él diseñó el matrimonio para que fuera una gran fuente de vida para nosotros. ¿Quién es Janet?"_le dije, mientras abría sus ojos con gran asombro. Se puso a revisar las historias que nos había contado esa noche para ver si había mencionado su nombre… No, no lo había hecho.

¡Es mi esposa! dijo admirado

_Dios está al tanto de tu situación. Ella es la persona adecuada para ti, y Él quiere darles otra oportunidad para recuperar su romance. Le dije.

Entonces le hablé del carro y de ver a una pareja joven besándose en el viejo Ford. Comenzó a reír con un brillo en sus ojos.

_Fuimos a nuestra primera cita en el viejo Ford de mi papá, y nos enamoramos en ese mismo instante. La besé tantas veces, y ella seguía diciendo, "Si quieres seguirme besando, vas a tener que casarte conmigo". Estaba tan enamorado de ella, ¡y me casé!

_Dios quiere recordarte el amor que una vez se tuvieron porque lo pueden volver a tener," le dije. Y empezó a llorar otra vez, pero esta vez había esperanza.

Supongo que tengo que perseguirla como lo hice con ese viejo Ford dijo mientras él reía.

Lo vi varios meses después, y me dio un gran abrazo de oso y me contó, como él y su esposa se habían dado por vencidos en su matrimonio; pero que algo de la conversación de esa noche había reavivado su interés. Además estaban yendo a la iglesia como una familia por primera vez después de veinte años.

Realmente no le dije gran cosa esa noche, pero lo que se dijo tocó las fibras de su identidad y de la conexión de su corazón. Eso es lo que hace la revelación: revela lo que es necesario, a veces revela algo que nos está obstaculizando (como el esposo mujeriego llamado Rick) y otras veces nos da luz sobre lo que es maravilloso pero que hemos olvidado (como el amor durante la primera cita). La revelación nos da una perfecta imagen del corazón y la mente de Dios.

LA MENTE DE DIOS ES PERFECTA EN SU PSICOLOGÍA Y SU NEUROLOGÍA

Una de las cosas que me encantan sobre la idea de compartir mi mente con Dios, es que la renueva. Romanos 12:1-2 habla sobre renovar nuestra mente cuando nos conectamos con Dios. El mensaje claramente establece la manera en que Dios desarrolla una madurez bien constituida en nosotros:

Así que ésto es lo que quiero que hagan, Dios les ayuda: tomen su vida común – sus horas de sueño, su comida, su trabajo, y su camino por la vida – y ofrézcanselo a Dios. Agradecer lo que Dios hace por ustedes es lo mejor que pueden ofrecerle. No se amolden al mundo actual, sino sean transformados mediante la renovación de su mente. Así podrán comprobar cuál es la voluntad de Dios, buena, agradable y perfecta. En lugar de eso, concentren su atención en Dios. Cambiarán desde el interior. Reconozcan lo que Él quiere de ustedes, y respondan rápidamente. A diferencia del mundo a su alrededor, siempre arrastrándolos hacia su nivel de inmadurez, Dios saca lo mejor de ustedes, y desarrolla una madurez bien formada en ti (Rom. 12:1-2 – Traducción literal de la versión en inglés *The Message*).

¿Alguna vez has tenido un mentor o un muy buen maestro? Tus conocimientos no son lo único que crece como resultado de la influencia de esta persona. Tu pensamiento cambia. Puedes tomar mejores decisiones con posibilidades más claras y obvias en cuanto a los resultados. Cuando el Espíritu Santo vive en ti, Él te ayuda a adoctrinar tus pensamientos. Siento que las personas que realmente comparten esos pensamientos profundos con Dios están marcadas por el fruto de la conexión que Pablo menciona en Gálatas 5:

¿Pero qué ocurre cuando vivimos de acuerdo a Dios? Él trae regalos a nuestras vidas, así como el fruto aparece en la orquídea- cosas como el afecto hacia otros, entusiasmo por la vida, serenidad. Desarrollamos una buena voluntad para las cosas, un sentido de compasión en nuestro corazón, la convicción de que una santidad básica impregna nuestro ambiente y a las personas. Nos encontramos involucrados en compromisos leales, sin necesidad de forzar nuestro camino en la vida, capaces de ordenar y dirigir nuestra energía sabiamente.

El legalismo no puede proporcionar esto; sólo se interpone en el camino, entre aquellos que pertenecen a Cristo Todo lo relacionado a conseguir nuestra propio voluntad y responder sin pensar a lo que todos los demás llaman necesidades, desaparece por completo – pues hemos crucificado con Cristo los deseos carnales (Gal. 5:22-24, Traducción literal de la versión en inglés *The Message*).

DIOS ABRE LAS PROFUNDIDADES Y CUENTA SUS SECRETOS

Cuando la meta de la revelación es conectar la mente y el corazón de Dios al mundo que nos rodea, se crea una presión grupal santa para honrar a las personas y a los grupos (por ejemplo negocios, gobiernos, y países) que normalmente juzgaríamos ya sea en nuestros propios pensamientos humanos o a través de nuestras propias convicciones religiosas. Pienso en como a Daniel le fue dada la sabiduría espiritual, pero no se convirtió en un separatista de la sociedad Babilónica. En lugar de eso, se convirtió en el hombre más poderoso de la nación. Continuó con su relación con Dios de una manera que era, muy probablemente controversial para otros Judíos, pero al final, eso lo salvo al igual que a sus amigos. Veamos Daniel 2:19-23:

Fue así como, durante una visión nocturna, el secreto le fue revelado a Daniel, por lo cual Daniel bendijo al Dios del cielo. Y dijo Daniel:

¡Bendito sea por siempre el nombre de Dios.
Porque Tuyos son el poder y la sabiduría!
Tú cambias los tiempos y las edades,
y a unos reyes los pones y a otros los quitas.
A los sabios y entendidos les das gran sabiduría,
y les revelas lo profundo y lo escondido;

tú conoces lo que está en tinieblas, pues en ti habita la luz.
A ti, Dios de mis padres, te doy gracias y te alabo,
porque me has dado fuerza y sabiduría,
y ahora me has revelado lo que te pedimos:
¡nos has dado a conocer el asunto del rey!

Básicamente, Daniel recibió un mensaje profético de la mente de Dios para resolver los misterios del rey. ¿Te imaginas si todos procuráramos tener una intimidad con Dios que produjera soluciones a los problemas o misterios más críticos de la sociedad actual?

Además de eso, Daniel le pidió al rey no matar a los astrólogos de Babilonia. El cristianismo moderno a menudo comete el error de querer cerrarse a escuchar a todos los demás. Pero cuando el amor supera todo a través de la verdad, se da la conversión. Daniel sabía que el hecho de que Dios se manifestara a través de él, le daría a todos los babilonios una invitación para conectarse con este maravilloso Dios, que tenía compasión por ellos.

Quizá Salomón nos da una mejor imagen de alguien que siguió la sabiduría de la mente de Dios a través de la revelación y la comprensión. Los más grandes pensadores del mundo hicieron peregrinaciones sólo para sentarse en la corte de Salomón y ver cómo deliberaba y tomaba decisiones. Constantemente desconcertaba a sus ciudadanos y visitantes por la forma en que gobernaba a su pueblo. Piensa en las dos mujeres de 1 Reyes 3:16 que fueron a verlo peleando por un bebé, afirmando ambas ser su madre. La mente de Salomón se encontraba funcionando a una frecuencia más alta cuando propuso esta solución: "¡Cortemos al bebé a la mitad y cada una podrá llevarse una parte!" En su sabiduría, él sabía que la verdadera madre no lo soportaría y se opondría a que eso ocurriera.

En 1 Reyes 10:9 (TLA), la Reina de Sabá le dice a Salomón, "*¡Bendito sea tu Dios, a quien le agradó tu conducta y te hizo rey de Israel para que gobiernes con justicia! No hay duda, ¡Dios ama a Israel!*".

La reina reconoció que el Dios de Israel era real, amaba a su pueblo, y que había derramado su inteligencia y sabiduría en Salomón como una señal de Su amor por Su pueblo. En otras palabras, debido a que Salomón trabajaba con la revelación del Espíritu y tenía estas palabras de conocimiento y sabiduría, logró que la reina más poderosa del mundo se convirtiera.

Estos son los resultados de compartir la mente de Dios. Produce revelación, conocimiento y sabiduría que desconciertan al mundo – no por su complejidad sino por su demostración de que Dios es real y de que ama al mundo.

6

EN BUSCA DE UN ESTILO DE VIDA DE RIESGO

Uno de los pasos para obtener más y más de Dios es ser fiel y tomar el riesgo; –incluso cuando sientas que lo que tienes es insignificante o absurdo.

Hace algunos meses, me encontraba en Dallas (mi nueva ciudad favorita) en camino a filmar un programa de televisión, yo estaba en el asiento trasero del carro, con un conductor de Taxi Uber extremadamente platicador. Sólo había dormido cinco horas la noche anterior y no había tomado café, así que no estaba muy interesado en platicar. Afortunadamente, fue lo suficientemente amable para detenerse y que yo pudiera comprarme una taza de café, lo que parecía que era lo que yo necesitaba para concentrarme un poco y escucharlo durante el trayecto de cuarenta y cinco minutos.

Conforme manejaba, me contó algo de su vida y la crisis económica que lo había llevado a aceptar un segundo trabajo con Uber. De hecho, era abogado en su país natal y había tratado de iniciar un despacho sobre consultoría migratoria en Dallas, pero se le habían presentado demasiados obstáculos.

Conforme platicábamos, tuve una sensación acerca de él y, sabiendo que tal vez nunca lo volvería a ver, le pedí a Dios algo que darle. Surgió un pensamiento en mi cabeza que se formó con una palabra que me era desconocida: "Edma". No sabía lo que eso significaba, pero lo escuché claramente.

Nos encontrábamos a quince minutos de llegar al estudio, y simplemente le pregunté:_¿E-D-M-A significa algo para ti? Comenzó a ver alrededor del carro, sonriendo, y dijo_¿Cómo sabes el nombre de mi esposa?

Entonces me inundaron los pensamientos de Dios y empecé a ministrarlo a él sobre su esposa, su matrimonio y su familia. Estaba tan agobiado que tuvo que detener el auto. Me sentí tan conmovido por los sentimientos de Dios hacia él. Era como si yo hubiera estado en el asiento trasero de Dios, y Él hubiera tomado el volante para mostrar el camino. Al final de este tiempo personal, le pregunté:¿Tienes una relación con Jesús? Me dijo que era religioso pero que no tenía una relación con Él. Lo conduje hacia un estado maravilloso con Jesucristo, y los dos nos sentíamos profundamente dichosos.

CRECER REQUIERE PRÁCTICA Y RIESGO

Queridos amigos, ¿creen que llegarán a algún lado si aprenden todas las palabras correctas pero nunca hacen nada? ¿Solo al hablar de fe significa que la persona la tiene? Si un hermano o una hermana no tienen ropa y carecen del sustento diario, y uno de vosotros les dice: Id en paz, calentaos y saciaos, pero no les dais lo necesario para su cuerpo, ¿de qué sirve? Así también la fe por sí misma, si no tiene obras, está muerta.

Puedo escuchar a alguno de vosotros decir, "Suena bien. Encárgate tú del área de la fe, que yo me encargaré del área de las obras."

No tan rápido. No podéis mostrarme vuestras obras separadas de su fe como yo no puedo mostraros mi fe separadas de mis obras. La fe y las obras, las obras y la fe, encajan juntas como una mano en un guante (Santiago 2: 14-17, Traducción literal de la versión en Inglés *The Message*).

Santiago nos dice, que para crecer en nuestra fe, debemos de tomar acción. De otra forma, tendremos una vida sin fe,esto, tiene sentido,pues cuando verdaderamente actuamos en nuestra fe, la activamos. Demostramos nuestras creencias. Si tú dices que amas a tus hijos o a tu cónyuge pero no haces nada que lo demuestre, y no tomas riesgos por ellos, decir que los amas, empieza a sonar vacío.

Algunos de tus más grandes momentos de riesgo con respecto a la revelación parecerán que no valen la pena. La gente a menudo me pregunta cómo aprendí a tomar riesgos. La verdad es que he batallado con una inseguridad profunda durante mi vida, y, después de buscar sanidad al respecto , terapia, e identidad, ahora me encuentro en el lado vencedor de la batalla, ¡gracias a Dios! Muchas veces, esas inseguridades me paralizaron cuando pensé en tomar riesgos y compartir cosas.

En retrospectiva, esas inseguridades eran un tanto irracionales, motivadas en parte por el hecho de que mi familia se mudaba cada ciertos años y teníamos que empezar de cero con nuevos amigos y nuevas escuelas; en parte tambien por mi deseo de ser importante y valioso. Era muy tímido, siempre observando las acciones y las palabras de los demás para decidir si les caía bien. La falta de seguridad me llevaba a complacer a la gente tanto como fuera posible, gastando energía extra para ganar su aprobación que probablemente ya tenía. Recuerdo compartir mi corazón o algo que era importante para mí y sentir como si aquello de lo que estuviera hablando fuera tonto o insignificante.

Cuando utilizas tu inseguridad en lo profético, terminas dudando de ti espiritualmente. Debido a que quería asegurarme que la persona con la que estaba compartiendo, realmente aceptara mis palabras como una motivación espiritual, a menudo exageraba – lo cual es contraproducente. También compartía palabras y luego me sentía totalmente derrotado, incluso cuando la persona tenía una respuesta positiva. La inseguridad me hacía sentir como si lo que yo dijera no fuera valioso o no valiera la pena decirlo. Si aún no lo sabes, ¡la inseguridad es un verdadero ladrón! ¡Fui feliz cuando lo superé a través del amor de Jesús!

Todavía recuerdo el principio de mi gran avance. Estaba jugando con la idea de tomar un riesgo, pero podía sentir que el miedo me empezaba a controlar cuando tuve este pensamiento en mi cabeza: ¿Te sentirías mejor si no tomaras el riesgo y tuvieras una vida normal, o si tomaras el riesgo y tuvieras la posibilidad de ver que algo extraordinario suceda?

Había sido testigo muchas veces de cómo otras personas se habían puesto en contacto con Dios de maneras maravillosas, así que sabía que era posible. Pero el proceso de riesgo era muy desalentador. Aun así, sabía que tenía que tratar de empezar a abrirme tomando riesgos para compartir lo que Dios me estaba dando, y ver Su mano moverse de maneras inimaginables.

En resumidas cuentas, si tú quieres crecer en la práctica de escuchar a Dios – especialmente en el proceso blanco y negro de las palabras de conocimiento – tendrás que aprender a tomar riesgos. Muchas veces, mis amigos y yo hacemos una activación de crecimiento. Pienso en alguien que conozco bien pero que mi amigo no conoce en lo absoluto, y él hace lo mismo y entonces comenzamos a orar. Luego hacemos preguntas cerradas sobre ellos: "¿Es hombre?" "¿es una persona mayor?" "¿es enfermera?" "¿son de Nueva York?" A veces, parece un juego de adivinanzas. Hasta que deja de serlo. Continuamos hasta que obtenemos dos o tres palabras de conocimiento correctas, y entonces oramos por ellos con fe. A veces surgen palabras proféticas que les podemos dar más tarde. Éste es tan solo uno de los muchos métodos que hemos utilizado para crecer en la práctica de escuchar a Dios.

Lo que me encanta de este tipo de ejercicios es que aprendes a discernir cuándo se trata de tus pensamientos y de tus conjeturas y cuándo se trata de Dios. Algunas personas tienen un instinto para ésto, pero para muchos de nosotros, Dios se encuentra renovando nuestras mentes, por lo que hay un proceso de aprendizaje sobre cómo conectarte con los pensamientos de Dios. Me tomó años de práctica hasta poder sentirme seguro. Aun así, mi seguridad no significa que soy buenísimo en esto; Sólo significa que me siento seguro de aprender.

En un momento dado, estaba confiado de las formas específicas en las que Dios me hablaba, y luego Él me cambió todo el juego. Ahora me doy cuenta de que lo estaba convirtiendo en una función, no en una herramienta relacional. Parecía como si Dios hubiera aumentado la dificultad de la toma de riesgos para desafiarme a ir por más. Recuerdo haber estado en una reunión en Anaheim y durante un ministerio profético escuché: "poder de mono, uno, dos, tres". Y eso fue todo. ¿Te imaginas estar hablando a través de un micrófono y preguntar si eso significaba algo para alguien? Todos en la habitación me miraron por tan sólo un segundo y luego alguien gritó. Era una chica cuyo nombre de usuario era Monkeypower123 (Poderdemono123) en la escuela secundaria. Algunas de sus amigas lo recordaban y se estaban riendo.

En otra ocasión, en la Iglesia de Bethel en Redding, California, escuché el nombre "Bootsy Bugs". Parecía el nombre de una caricatura, y pensé: "*Bueno, debe ser el personaje en un libro que alguien debe estar escribiendo o alguien de verdad tiene un nombre muy peculiar*". Ni siquiera sabía si era real, pero dado que había tomado miles de riesgos en tiendas, teatros, y cafeterías y en líneas de oración, estaba dispuesto a tomar el riesgo. No tenía nada más de donde partir y nada que perder.

No sé... si este es el nombre de un personaje o de un perro o de una persona,pero... ¿hay algún Bootsy Bugs aquí? Pregunté a la multitud

Inmediatamente escuché el grito ahogado de un joven. No podía creer que Dios conociera su apodo. Después de que se mostró que la revelación sobre su nombre era real, me llegó el resto del mensaje, y fue sumamente significativo y maravilloso.

Dios quiere que haya interdependencia con nosotros, y no autosuficiencia. Nos pone en un lugar en el que tomemos riesgos para que nos conectemos – y permanezcamos conectados – con Él.

ME EQUIVOQUÉ CINCO VECES SEGUIDAS

Entonces... ¿qué ocurre si tomamos un riesgo y no vemos el resultado de inmediato? En el 2016, fui a Dallas y llegué a una de mis nuevas iglesias favoritas (de hecho, visité varias iglesias maravillosas en Dallas y ahora creo que Dallas probablemente tiene una de las mejores culturas cristianas del mundo). Esta iglesia en particular se llamaba Upper Room (Aposento Alto). Hasta ese entonces, todos los lugares a los que había ido durante ese año, habían sido sumamente emocionantes. Luego, llegué a esta iglesia y traté de profetizar utilizando palabras de conocimiento. Intenté con algo que estaba viendo en ese momento, pero no hubo respuesta de parte de nadie. Después, mencioné el nombre de una pareja y nada. Después de cinco intentos, empecé a reír. Este grupo, que era nuevo para mí, acababa de verme fracasar. No había cómo recuperarse excepto por la humildad de mi propia humanidad.

Bueno chicos, acaban de verme intentarlo y arriesgarme; nunca es fácil pero vale la pena cuando algo ocurre le comenté a la multitud. _Quizá algunos de ustedes se puedan identificar con tomar riesgos, y espero que sigan haciéndolo. A veces no habrá recompensa alguna pero cuando la hay, ¡los beneficios son enormes!

Me sentí muy vulnerable al hacer estos cinco intentos sin tener una conexión relacional, la cual he aprendido a amar. Pero aun así la pasé genial. Después de la reunión, una joven se acercó a mí.

Tengo algo que decirte, y espero no ofenderte me dijo. _Había visto videos sobre ti antes de esta noche, y pensaba que lo que hacías era un acto de circo o algo como mentalismo. Pensaba que investigabas a las personas en internet y que simplemente tenías un ego muy grande. Te juzgué como un farsante y quise venir hoy para poder proteger a mis amigos y platicar con ellos más tarde.Pero esta noche... ¡te equivocaste en todo! Y no necesitaste estar en lo correcto. Alguien que estuviera fingiendo no se habría equivocado tantas veces. Se hubiera asegurado de haberle atinado a algo. Tú no le atinaste a nada con los riesgos que tomaste. Después, dirigiste la oración y seguiste alentándonos. Sentí el amor de Dios a través de ti y ahora creo que lo que tú haces es real. Necesité verte fallar para darme cuenta que no tienes ningún ego o problemas al no tener resultados cuando escuchas a Dios.

Debido a que fallé tan terriblemente y no intenté ocultarlo o componerlo, esta joven creyó. Era lo que había, y simplemente tenía que usarlo. Esto ha ocurrido bastantes veces. He tomado riesgos frente a amigos míos o en una reunión, pero el que no haya funcionado ha resultado tan poderoso, como cuando he podido darle a alguien una revelación.

TOMA RESPONSABILIDAD Y SIGUE ADELANTE

Si estás tomando riesgos para compartir palabras de conocimiento, entonces será muy probable que experimentes lo mismo.

Tus riesgos no siempre rendirán frutos, por diferentes razones que nunca podrás entender. Cada vez, sin embargo, aprenderás, cualquiera que sea el resultado. Los dones de revelación y las palabras de conocimiento son un experimento social. Para alentar a alguien espiritualmente, tienes que compartir con esa persona. Si algo no tiene sentido o te "equivocaste", ¿entonces qué pasa?

Es muy sencillo, practicas la humildad y dices: "gracias por dejarme intentarlo." O, "¡Perdón! Estoy aprendiendo." No debes de lamentarte profundamente. Después lo vuelves a intentar al día siguiente o la próxima vez. ¿Te imaginas si cada vez que los niños intentaran tocar el piano, tuvieran que parar y arrepentirse fuertemente cada vez que se equivocaran en una nota? No tendríamos músicos. Simplemente lo intentan una y otra vez hasta que les sale bien. Se adaptan, practican, y cambian, lo que al final es de cualquier forma, un verdadero arrepentimiento.

Es muy importante que no le des demasiada importancia a los errores. Sólo hazte responsable cuando sea necesario. Después de todo, es un proceso relacional antes que nada. No provoques incomodidad social o atraigas más la atención hacia ti. Creo tanto en ésto que te voy a dar dos ejemplos personales (uno bueno contra uno malo) de cómo tomar responsabilidad cuando te arriesgues y te equivoques.

Un buen ejemplo: Recientemente me acerqué a una mujer en el centro comercial y le pregunté si estaba cambiando de trabajo. Me dijo:_ No, ¿por qué? Yo sabía que, o había interpretado mal lo que había sentido o escuchado, o que no había nada con lo que continuar y simplemente necesitaba seguir mi camino. Tomé una rápida decisión de continuar.

_Bueno, soy cristiano y sentí que el corazón de Dios tenía un mensaje para ti. ¿Puedo volver a intentarlo? ¿Sientes que estás haciendo aquello para lo que fuiste creada?

Ella me dio una oportunidad: _¡Definitivamente no! Trabajo como asistente en una empresa que prepara declaraciones de impuestos. Este no es mi trabajo soñado.

Siento que Dios quiere ayudarte a hacer aquello para lo que fuiste creada, ¿puedo orar contigo? le pregunté.

Se puso muy contenta y no se extrañó para nada. Sintió mi conexión y se alegró de tenerme ahí para orar por ella y por su futuro.

Un mal ejemplo: El hombre de una compañía de gas vino a mi casa, y le pregunté si su mamá tenía un tipo raro de cáncer.

"No, ¿por qué?" me di cuenta que el hombre pensaba que esa era una pregunta rara y terrible. No supe que decir.

_Ah, soy cristiano y pensé que su mamá estaba enferma y tenía que orar por ella o por ti. ¡Lo siento muchísimo! Estaba tratando de escuchar a Dios. Wow, lo siento, ¿hay alguien que esté enfermo?

"¡No!" dijo, visiblemente frustrado. Se salió de ahí tan rápido como te podrás imaginar.

Balbuceé de una manera que lo hizo sentirse desconectado de mí y, por lo tanto lejos de la parte de Dios, que se encontraba en mí. En retrospectiva, pude simplemente haberle preguntado, "¿Estás preocupado por la salud de alguien de tu familia?"

Los dones proféticos son dones que conectan. Las palabras de conocimiento pueden no siempre funcionar, pero puedes apoyarte en tus habilidades sociales que trabajan fuertemente en dar amor al mundo. Cuando se trata de los dones de revelación, las personas que no trabajan en su inteligencia emocional, autoconsciencia, corazón y salud relacional a menudo son muy frustrantes de acompañar, debido a que sustituyen la información por su falta de identidad y conexión relacional.

ARRIESGANDO TU VIDA Y TU TIEMPO

Piénsalo. Dios quiere darte palabras de conocimiento que verdaderamente cambien el curso, no sólo de la vida de los demás y de sus propósitos, sino también de los tuyos. Pablo se encontraba en su segundo viaje de misiones, detenido (el Espíritu ya lo había re direccionado dos veces) en Troas, cuando tuvo una visión clara sobre un hombre de Macedonia que le suplicaba que fuera allá. Dios le dio una palabra de conocimiento a Pablo de una manera poderosa, de que la gente de Macedonia se encontraba lista para recibir el evangelio y, como resultado, Pablo cambio sus planes, entrando a una de sus épocas ministeriales más fructíferas.

Recuerdo que Dios nos dio a mi esposa y a mí una palabra de conocimiento durante una etapa económicamente incierta. Iba a lanzar un nuevo libro, y teníamos que decidir cuántos libros ordenar. Teníamos que manejar un presupuesto muy limitado, pero sabíamos que necesitábamos usar una buena cantidad de recursos en ese proyecto. Nuestro publicista también iba a comprar libros, pero nosotros estábamos patrocinando nuestros propios eventos y nuestro sitio de internet y necesitábamos saber cuántos libros comprar. Cuando Cherie y yo recibimos el mismo número, lo pusimos en la orden.

Esa palabra de conocimiento nos dio la fe que necesitábamos para arriesgar el tiempo y el dinero que invertimos en ese proyecto. Sentimos que no sólo sabíamos lo que Dios quería, sino además lo que nuestro mercado necesitaría. Como dueños de un pequeño negocio, esa palabra de conocimiento fue crucial. Cuando se lanzó el libro, ese fue el número perfecto, y vendimos todos los libros en tiempo record. Pero si hubiéramos comprado más, habríamos tenido un problema de almacenamiento. Si hubiéramos comprado menos, habríamos tenido que pedir una orden de último minuto a un precio mucho más alto.

En otra ocasión, mientras nos encontrábamos en África, nuestro auto fue detenido por unos policías falsos, y el Señor me mostró que estaban tratando de sobornarnos con razones ilegales y que no tuviera miedo de sus armas. Luego, recibí una palabra para un hombre sobre su mamá, y tomé el riesgo de compartirla con él. Estaba tan sorprendido que me dejó orar con él y nos permitió continuar sin hacer más amenazas.

UN PROCESO RELACIONAL, NO METODOLÓGICO

A veces, no nos damos cuenta que el proceso de relacionarnos con otros puede ser también un proceso muy creativo. No puedes enseñarle a alguien cómo enamorarse de la persona con la que terminan estando juntos, pero puedes darles herramientas relacionales, así como establecer límites útiles para que ese amor siga siendo seguro y saludable.

Si sigues un enfoque metodológico para escuchar a Dios, simplemente no funcionará. Mencioné ésto anteriormente en el Capítulo 2, pero incluso Jesús dijo, en Mateo 13:

Por eso les habló por parábolas; porque viendo no ven, y oyendo no oyen, ni entienden. (Mateo 13:13 - LBLA).

A veces, cuando queremos decirle a alguien algo de corazón, no usamos palabras directas. En lugar de eso, usamos ideas e "imágenes descritas" para compartir lo que sentimos. Cualquiera que esté aprendiendo a traducir un idioma sabe que una traducción eficaz no se trata únicamente de traducir las palabras. Necesitas ser más exhaustivo, capaz de traducir un concepto o un pensamiento y presentarlo de manera que no pierda su significado original.

Dios nos habla de diferentes formas, y algunas personas se frustran porque no siempre es directo. En cada relación, hay una curva de aprendizaje que toma tiempo superar, eso realmente nos lleva hacia la intimidad. Sólo puedes decir: "¡Te conozco!" a alguien en quien has invertido tiempo, alguien con quien hayas compartido creencias, tu corazón, sentimientos, e incluso sentido del humor. Cuando no es bien manejada la religión, trata de ritualizar o incluso evitar el proceso relacional, el cual es de hecho lo que hace que la fe verdadera sea tan hermosa.

AMBIGUO VS ESPECÍFICO

Algunas de mis palabras de conocimiento se basan en ser muy específicas, más no siempre fue así. Ni tampoco supe siempre (ni lo sé aún) cuando las palabras que recibía serían específicas. Decía algo como, "veo un caballo corriendo." Y entonces la persona después me daba retroalimentación de que era dueño de un rancho de caballos y que había utilizado el mismo vocabulario que se usa comúnmente en su pasatiempo o pasión.

Gradualmente, aprendí a buscar estos indicadores y a averiguar más sobre ellos, o por lo menos a reconocerlos como diferentes a cuando sólo recibía un concepto asociado a una imagen descrita. Creo que mientras más nos identifiquemos con estas conexiones directas, más podremos empezar a permitir que nuestra fe y nuestro espíritu actúen deliberadamente para lograr repetir este tipo de eventos.

Mientras que a todos nos gustaría tener una experiencia como la de Cornelio en Hechos 10 (en donde un ángel lo visita y le dice exactamente con quién hablar y qué hacer), sigue estando el proceso relacional para lograr algo.

La realidad es que una relación toma tiempo y cuando empezamos a escuchar a Dios, al principio es algo un poco ambiguo o impreciso. Podremos tener encuentros como los de Cornelio en nuestra vida, de vez en cuando, pero hasta que maduremos en un lugar de conexión con nosotros mismos, con Dios y con el mundo que nos rodea, el proceso de revelación puede resultar incómodo. Aunque necesitamos aceptar este periodo difícil, ¡justo como cuando un adolescente descubre al sexo opuesto! ¡Este es un periodo emocionante, aunque complicado en nuestras vidas, pero no debemos saltarnos o evitar! Incluso los discípulos no entendían a Jesús la mayor parte del tiempo. Le preguntaban constantemente a qué se refería. De hecho, les tomó tres años de caminar y vivir con Él para empezar a entenderlo. Hacia el final de Su ministerio en la tierra, le dijeron, "¡Ahora sí que estás hablando claramente, y no usas comparaciones! No necesitas esperar a que alguien te pregunte, porque tú lo sabes todo"... (Juan 16:29-30, TLA).

¿Quién cambió realmente? ¿Jesús o los discípulos? Los discípulos no habían entendido el hecho de que después de todo el tiempo que habían invertido en Jesús, finalmente lo "entendían". Ahora sabían cómo escuchar, incluso Su lenguaje y conceptos abstractos, porque con el tiempo sus corazones se habían puesto en sintonía con Su corazón al pasar tiempo y estar conectados con Jesús. Cuando seguimos teniendo una relación con Dios, lo vago se vuelve más específico.

LO PROFÉTICO CREA LA NECESIDAD DE TENER UNA RELACIÓN

En esta época de gratificación instantánea, nuestra naturaleza humana es querer lo que deseamos ahorita. Podemos conseguir tantas cosas por bajo pedido. Todo puede ser entregado o enviado a tal punto que en el mundo occidental, constantemente evitamos las relaciones por conveniencia. No es de extrañar que como sociedad estemos tan ávidos de amor, como nunca antes lo habíamos estado.

Cuando empiezas a involucrarte en lo profético y ves el fruto de esos riesgos, empiezas a ver lo desesperada que está la gente por conectarse con Dios. A menudo, te encuentras con gente buena pero con deseos equivocados. Como lo mencionamos en el Capítulo 4, tienden a buscarte para que uses las palabras de conocimiento para resolver sus problemas. Cada semana, recibo cientos de correos electrónicos de personas que me piden que arregle sus problemas. Quieren que Dios agite una varita mágica sobre sus vidas, en las cuales, primeramente, se necesitaron de muchas malas decisiones para llegar a donde están. Es como decirle a un entrenador personal, "¿Por qué no estoy delgado todavía? ¡Hice ejercicio ayer!" Cualquiera que haya trabajado duro en algo sabe que una rutina de ejercicio puede ser un buen paso para estar en forma, pero sólo si establece las bases para un cambio en el estilo de vida.

Lo profético trae momentos decisivos en la vida. Puede traer momentos críticos. Puede ayudar a simplificar, o incluso a dar soluciones a los problemas. Pero básicamente, escuchar a Dios se trata de conocer y relacionarse con Él y tener la fe para asumir riesgos - no sólo para que te vaya mejor a ti o a las personas con quienes lo compartes.

A menudo la profecía expone lo que Dios quiere hacer en nuestras vidas. En realidad, nos hace conscientes de la brecha que hay entre nuestros deseos y los suyos. Lo profético nos hace madurar radicalmente en cuanto a nuestras relaciones. Por lo tanto, las palabras de conocimiento y el conocer los secretos de Dios son principalmente para las relaciones, y luego de manera secundaria, realizan sus obras a través de nosotros, para el mundo que nos rodea.

Antes de que las palabras de conocimiento se enfoquen en si la economía mejorará o no, **revelan que Dios está contigo y que te conoce en una forma muy real.** Esta idea es impresionante para los que no creen y cumple con lo que Pablo escribió en su primera carta a la iglesia de los Corintios: "Pero supongan que todos profetizan. Si entra alguien que no cree o que no entiende y oye lo que están diciendo, va a darse cuenta de sus pecados y será juzgado por lo que ustedes dicen. Los secretos de su corazón quedarán al descubierto y se postrará rostro en tierra para alabar a Dios, diciendo: ¡En verdad Dios está entre ustedes!" (1 Cor. 14:24, TLA).

Me encanta este pasaje. Me recuerda que un incrédulo o una persona ajena a lo espiritual pueden escuchar a Dios y ser transformado a través de las palabras de conocimiento. Al escuchar el secreto expresado en su corazón, responden a la verdad de que Dios conoce sus más profundos pensamientos. Él sabe lo que es precioso, preciso e importante. Cuando se trata de realmente compartir y tomar riesgos con las personas, esto lo cambia todo. ¿Qué tal si la pequeña frase que recibes es la próxima idea emprendedora para Silicón Valley que Dios ha plantado en el corazón de alguien? ¿Qué tal si la palabra tratara de su hijastra enferma que se encuentra luchando por su vida y Dios te mostrara el más mínimo detalle médico? Como 1 Corintios nos dice, cuando tomamos el riesgo para entrar a un proceso relacional, todas las personas a nuestro alrededor tienen la oportunidad de presenciar la revelación de la verdad en la vida de alguien – revelación que hace que un incrédulo "postre su rostro en tierra" para alabar al Dios que interactúa con Su creación.

De principio a fin, Dios puede verlo todo. Él es el Alfa y el Omega, y dado que Su corazón es para nosotros como Sus herederos, se preocupa por todo. Pienso en Pedro y en cómo Jesús le dice que en una noche lo negará tres veces. Pedro no se da cuenta de que es una profecía y lo niega diciendo, "¡Nunca lo haría!"

Fuera de una relación, esta es una palabra profética muy desagradable. Es difícil imaginar lo que Pedro debió haber sentido cuando la persona quien había comenzado a pensar que era Dios – la persona con la que caminó durante tres años – le dijo que no lo iba a lograr. Pero cuando lo vemos desde la perspectiva de una relación, vemos cómo las palabras de Jesús a Pedro revelan a un Dios que ama incondicionalmente. Jesús era tan bondadoso y amaba tanto a Pedro que quería que él lo supiera, **"Pedro, te amo sin importar lo que pase, incluso si en tu inmadurez, cometes un error".** Pedro no podía realmente escuchar lo que Jesús le estaba diciendo ese día. No fue sino hasta que Jesús resucitó y lo encontró pescando desnudo cuando comenzó a entender. Desesperadamente avergonzado por haber negado a Jesús, Pedro se había alejado de todo y había vuelto a su antigua vida como pescador.

"Pedro, ¿me amas?" le preguntó Jesús. "Entonces alimenta a mis ovejas".

En vez de reprender a su discípulo o recordarle lo que había hecho y pedirle que tomara responsabilidad por ello, Jesús le dio a Pedro una misión y, al hacerlo, expresó Su gran amor por él. Pedro se sentía completamente incapaz para cualquier cosa relacionada con el ministerio. Jesús lo sabía. Pero a partir de una relación, vemos a

Pedro restaurado y, en última instancia, utilizado por Dios de una forma poderosa. Servimos a un Dios único que se preocupa tan profundamente por nuestra relación con Él, que busca maneras de conectarse con nosotros y compartir Su corazón.

ARRIESGARSE POR DIOS TE DA EL POTENCIAL DE CAMBIAR TU VIDA

Una de mis historias favoritas de las Escrituras está en Marcos, la cual habla de una mujer con un problema de flujo sangre. Estaba tan desesperada por ser curada que hizo todo un espectáculo de sí misma. Lee la historia y observa los riesgos que tomó:

Había allí una mujer que llevaba doce años sufriendo de flujos de sangre. Había sufrido mucho bajo el cuidado de varios médicos y había gastado todo lo que tenía sin ninguna mejoría. De hecho, cada vez se ponía peor. La mujer oyó hablar de Jesús. Pasó en medio de la gente hasta llegar a Jesús por detrás y le tocó su manto. Ella pensaba: «Si sólo puedo tocar su manto, quedaré sana». Apenas lo tocó, la mujer dejó de sangrar. Sintió que su cuerpo había quedado sanado de la enfermedad.

En ese momento Jesús se dio cuenta de que había salido poder de él. Se detuvo, dio vuelta y preguntó, "¿Quién tocó mi manto?"

Sus discípulos le dijeron: Hay tanta gente empujando y tú preguntas: "¿Quién me tocó?"

Pero Jesús siguió mirando para saber quién había sido. La mujer sabía que había sanado. Así que se acercó y se arrodilló a sus pies. Ella estaba temblando de miedo y le contó toda la verdad. Luego, Jesús le dijo, "Hija, tu fe te ha sanado. Vete en paz y sin ninguna enfermedad. (Marcos 5: 25-34, TLA)

Me encanta la fe que ella tenía. Revisemos su verdadera historia. Había gastado todo su dinero y ya no tenía ninguna otra esperanza. Dentro de la sociedad judía, debido al tipo de trastorno que padecía la hubieran catalogado de "impura". Tocar a un hombre santo como Jesús hubiese sido considerado un acto criminal, que se castigaba con la pena de muerte. Pero estaba tan desesperada, y creía tanto, que supuso que valía la pena el riesgo.

Jesús se voltea hacia la multitud que estaba empujándole y pregunta: "¿Quién me tocó?" A Él le llegó una palabra de conocimiento de que una de las personas que lo había tocado había sido sanada en ese momento. Los discípulos responden incrédulos, diciendo que todos lo han tocado. Pero Jesús sabía que algo especial había sucedido y continuó examinando a la multitud. La mujer sintió que su cuerpo estaba liberado de su sufrimiento y en ese momento valientemente dijo: "Fui yo".

Ahora bien, esta era una región pequeña, y ella era una mujer rica que muchos podían haber conocido. Probablemente también podían haber sabido sobre el problema de salud que tenía o por lo menos que había gastado su dinero y que había perdido todo conforme su salud se seguía deteriorando. Habría sido una persona muy conocida con un problema personal. Cuando Jesús habló con gran fe de que había algo diferente entre la multitud, la expuso más no la condenó por haberlo tocado. En vez de eso, le dijo: "¡Tu fe te ha salvado!"

¿Qué tan maravilloso es eso? Probablemente toda la multitud volvió a tener respeto por ella. Cuando reconocemos a Dios en el momento y tomamos un riesgo, puede utilizarnos para cambiar el mundo entero de alguien y su trayectoria.

Todavía recuerdo haber ido al partido de futbol del hijo de un amigo mío, cuando Dios me usó para transformar la vida de un adolescente que estaba dolido y en riesgo. Parecía que todos los chicos que estaban en el campo tenían a un padre animándolos, pero nadie había ido a ver a este chico. No le estaba yendo muy bien en el juego y algunas veces cometía errores. Te podías dar cuenta que sus compañeros de equipo estaban visiblemente frustrados con él.

Durante el descanso, me acerqué al hijo de mi amigo y le pregunté por el chico.

En realidad no hablamos mucho me dijo. _Es un poco raro.

Caminé hacia donde estaba el chico y frente a todo el equipo le pregunté:_¿Cuál es tu nivel en Call of Duty? Es un video juego bastante maduro, pero me había llegado una palabra de conocimiento en cuanto a él. Me sonrió y cobró vida, preguntándose cómo era que yo sabía sobre su logro. Me compartió su nivel, el cual era uno de los mejores diez del país. Los otros chicos estaban sorprendidos y se reunieron a su alrededor para averiguar cómo es que era tan bueno.

De un momento a otro, este chico pasó de ser la persona en la que nadie veía, nada especial a ser el centro de atención. Ese sólo momento redefinió su tiempo en el equipo de futbol. Más allá de eso, mi amigo me contó que este chico terminó siendo uno de los mejores amigos de su hijo ese año. Lo llevaron a la iglesia, y fue salvo. Después, su amigo le dijo que había sido una palabra de conocimiento lo que me había llevado a hacerle esa pregunta. El chico estaba maravillado.

Una y otra vez, he visto cómo Dios usa este don para cambiar al mundo y llevarnos de regreso a Su corazón. Esta es probablemente mi parte favorita de practicar palabras de conocimiento y de tomar riesgos. A menudo pienso en una mujer a quien llamaré Emery. Ella estaba desesperada por hablar conmigo después de una reunión. Su esposo la había abandonado, y estaba en la ruina económica. No le quedaba nada. Y su perro se estaba muriendo.

Vino a verme, no sólo buscando una palabra de aliento. Me veía como si yo pudiera arreglar todo. Así como la mujer con el problema de sangre, Emery buscaba un momento que le ayudara regresar a su vida normal. Que sus finanzas ya no estuvieran arruinadas. A que su esposo alcohólico fuera liberado de eso. A que su matrimonio se arreglara.

La abracé mientras se desahogaba. Sabía que quería que yo fuera Jesús y encontrara una manera de hacer que el dolor desapareciera. El problema, es que yo no soy Jesús y Jesús no tiene la costumbre de tomar decisiones por nosotros. De hecho, tenemos que entrar en Su gracia e iniciar el proceso de una relación en la que entreguemos nuestra vida a Su bondad y tomemos miles de decisiones para proteger nuestro corazón, nuestra vida, nuestras relaciones, nuestras finanzas y nuestro bienestar. Este no es un proceso para nada rápido. Incluso si Dios liberara a algunos de todo sufrimiento (Él es el hermoso mensajero), otros se encontrarían vagando en un desierto durante un tiempo para alcanzar la conexión con Dios que nos lleva a nuestra propia Tierra Prometida.

Oré junto con Emery y le di una palabra profética: "Dios va a darte un comprador para tu casa y te va a ayudar a encontrar un lugar al cual llamar hogar. Será mucho más pequeño de lo que estás acostumbrada, pero tu creatividad cobrará vida ahí. Vi 'Sycamore.'"

Pude darme cuenta que estaba enojada.

_¡No quiero vender mi casa! Estoy a punto del embargo, pero yo tengo otras palabras proféticas de que Dios va a salvar mi casa. ¡Se encuentra en la Calle Sycamore! ¡Amo mi casa!

Me dejo con toda la frustración que sentía con Dios y que se manifestaba como enojo hacia mí. *Cómo quisiera que me pagaran por hacer esto…* pensé; *por lo menos a los trabajadores de DMV les pagan para que les griten por lo que hacen* (estoy bromeando).

Dos años después, Emery se acercó a mí durante una reunión. Rápidamente me acordé de ella. No es fácil olvidar a alguien que ha tenido tal reacción. Su semblante era algo diferente, pero nunca se puede saber lo que alguien está a punto de decir. Así que estaba listo.

¿Me podrías dar un minuto de tu tiempo? preguntó. Me preparé para ser nuevamente un trabajador de DMV al que no le pagaban, pero le di la bienvenida, esquivando la seguridad de la conferencia.

_Después de hablar contigo, vendí mi casa. Faltaban varios días para el embargo. Terminé rentando en una casa de huéspedes y al principio estaba en la ruina y enojada con Dios, contigo y con todos. La mujer que había vivido ahí era una artista y había dejado algunos de sus materiales, empecé a pintar otra vez como cuando era joven. Estudié arte en la universidad, antes de que me retirara para viajar de mochileros por todo el país, con mi ex esposo. He estado pintando y hablando con Dios todos los días. Quiero que sepas que me reencontré. No sé cómo me perdí de forma tan profunda en un matrimonio nocivo y en la vida, pero he vuelto a ser yo. La casa en Sycamore representa el cierre de una vida negativa y el final de las malas decisiones que tomé, a pesar de ser cristiana. Ahora estoy llevando una vida con Dios, y mi esposo se ha ido. Estoy reconstruyendo mi economía, pero me siento verdaderamente feliz. Tengo esperanza. Perdón por tratar de usarte, y gracias por ser bondadoso conmigo_dijo con una mirada de certeza.

Para mí fue un momento importante en el tiempo. Esta mujer había tenido un viaje mucho más difícil en cuanto a su conexión espiritual con Dios, de acuerdo a los términos de Él. Ella había sido quien había tomado el riesgo y lo había seguido. La palabra de conocimiento con respecto a la calle y la palabra de sabiduría con respecto a qué hacer con su casa tenían propósitos completamente diferentes a aquellos por los que ella me había buscado, pero Dios quería recuperar su corazón. Quería ayudarla a volver a ser ella misma. Los riesgos que tanto ella como yo tomamos dieron grandes beneficios eternos.

7

SECRETOS DE DIOS REVELADOS

El corazón de nuestro Padre desea revelarnos Sus secretos. Piensa en eso por un momento. El Creador del universo, nuestro soberano Señor quien dice, "Mis caminos son más altos", desea compartir Sus misterios ocultos.

Me gusta como el diccionario Webster describe la palabra "secretos": "Guardados del conocimiento de todos a excepción de los iniciados o privilegiados." Nosotros somos los privilegiados. Él desea que conozcamos Sus maravillas. No sé tú, pero eso hace que me impresione. Si aún sigues tratando de comprenderlo (no te culpo), mira lo que dice Pablo:

Cosas que ojo no vio ni oído oyó, ni han subido al corazón del hombre, esas son las que Dios ha preparado para los que lo aman - Pero Dios nos las reveló a nosotros por el Espíritu, porque el Espíritu todo lo escudriña, aun lo profundo de Dios, porque ¿quién de entre los hombres conoce las cosas del hombre, sino el espíritu del hombre que está en él? Del mismo modo, nadie conoció las cosas de Dios, sino el Espíritu de Dios. Y nosotros no hemos recibido el espíritu del mundo, sino el Espíritu que proviene de Dios, para que sepamos lo que Dios nos ha concedido. De estas cosas hablamos, no con palabras enseñadas por la sabiduría humana, sino con las que enseña el Espíritu, acomodando lo espiritual a lo espiritual (1 Corintios 2:9-13, RVR).

Pablo nos dice que nadie entiende los pensamientos de Dios a excepción de Su Espíritu y al mismo tiempo dice que hemos recibido el "Espíritu que proviene de Dios, para que sepamos lo que Dios nos ha concedido."

Dios quiere compartir Sus secretos con nosotros. Me encanta Proverbios 23:12, el cual dice, "Abre tu corazón a la enseñanza, y tus oídos a las palabras del saber."

Otra de mis escrituras favoritas sobre las palabras de conocimiento es Colosenses 2:3: "Cristo es en quien están escondidos todos los tesoros de la sabiduría y del conocimiento."

La palabra sabiduría se deriva del griego "sophia", lo que significa tener el conocimiento para regular nuestra relación con Dios. Esta sabiduría se asocia con la bondad. También describe a alguien que es espiritualmente prudente con los demás y que sabe cómo regular las circunstancias de una manera espiritual - hábil, experto, sensato, juicioso. Pablo usa la misma palabra en 1 Corintios 12: 8 para "palabras de sabiduría."

La palabra griega "conocimiento" en Colosenses es gnosis, que en este contexto significa conocer experimentalmente. Es conocimiento presente y fragmentario, en comparación con la palabra relacionada epignosis, que se utiliza para describir un conocimiento más claro y exacto, expresando un conocimiento adquirido a través de la educación o la participación. La Gnosis es un conocimiento presente e intuitivo. Nuevamente, esta es la misma palabra que Pablo usa en

1 Corintios 12: 8 para referirse a una "palabra de conocimiento" profética.

Las palabras de conocimiento nos ayudan a atesorar quién es Jesús y a aplicar esta naturaleza en nuestra vida diaria. Es una revelación en el momento del conocimiento que se encuentra en Cristo.

Nuestro Creador tiene conocimiento absoluto sobre todas las cosas, sin embargo, nuestros niveles de conocimiento como humanos son sumamente limitados. Pablo dice que recibimos e impartimos el conocimiento de Dios – Sus secretos – no mediante la sabiduría humana, sino por el Espíritu que "interpreta las verdades espirituales." Las palabras de conocimiento nos ayudan no sólo a navegar a través de este mundo complicado, sino además a ser más que vencedores en este mundo. A través de este don, Dios transmite sus ideas y pensamientos sobre algo que no tenemos la capacidad de saber - pensamientos originales que incluso podrían ser únicos o innovadores para nuestra sociedad. ¡Conocimiento sobrenatural que se nos es dado directamente por el Espíritu Santo!

BUSCANDO SUS SECRETOS

A través de las Escrituras, se señala al Espíritu Santo como a un "testigo". Romanos 8:16 nos dice que, junto con nuestro espíritu, el Espíritu Santo da testimonio de que somos hijos de Dios. Este "testigo interior" puede además describir cómo discernimos los pensamientos y los secretos de Dios, de los nuestros. Conforme más te acerques a Dios, más descubrirás la diferencia entre Sus hermosos pensamientos y tu imaginación. Para algunos, este proceso de crecimiento puede ser irritante, doloroso, y frustrante. Puede incluso hacer que la gente se dé por vencida.

Soy una persona extremadamente positiva que puede encontrar un significado espiritual a todo. Puedo ver una película e interpretarla con una parábola espiritual, como José interpretó los sueños del Faraón. Por supuesto, eso no significa que mi interpretación espiritual siempre provenga de Dios, pero mi visión del mundo y mi experiencia como alguien que está siempre atento y buscando los secretos de Dios, me obliga a buscar el significado espiritual de casi todo lo que veo. Es realmente asombroso para mí el que puedas encontrar tantas expresiones de Dios cuando las buscas de manera intencional. Descubrir lo espiritual es sólo una parte de cómo estoy orientado.

A veces esta conexión realmente me ha costado, cuando he interpretado cosas a través de mi propia sensibilidad y pasión por descubrir un significado espiritual. He dado consejos y compartido interpretaciones en base a mi propio conocimiento espiritual en vez de apoyarme en el conocimiento de Dios o en mi "testimonio" interno. Cuando espiritualizas algo, no obtienes los mismos frutos que cuando realmente escuchas la intención de Dios y recibes una palabra de conocimiento, con Él como la fuente. Me encanta como Proverbios 23:12 nos recuerda: "Abre tu corazón a la enseñanza, y tus oídos a las palabras del saber".

He pasado infinidad de horas orientando a personas para que descifren sus complicados viajes de vida y lo que buscan. Si yo no aplicara mis oídos como Proverbios nos insta a hacerlo, y sólo lo hiciera en base al entrenamiento de vida o a la psicología, me perdería de un Dios siempre presente que desesperadamente quiere compartirse a Sí Mismo y a sus Secretos con la humanidad.

Hace algunos años, me encontraba en el extranjero ministrando durante un evento en una de las Iglesias más grandes de Corea del Sur cuando un amigo me invitó a comer con algunos de los ancianos de la iglesia. Estos líderes habían juntado casi todos sus recursos para comprar el terreno para la iglesia y habían pagado la construcción de la misma. No eran parte del evento en el que yo estaba participando, pero querían conocernos. Ni siquiera estoy seguro de que alguna vez hubieran asistido a un ministerio profético como el mío, pero eran personas maravillosas que escuchaban y respetaban a Dios.

Habían escuchado que yo a veces realizaba trabajo de consultoría espiritual y me preguntaron de qué se trataba. Les expliqué que sólo ayudaba a la gente a descubrir la identidad que Dios les había dado para su proyecto, compañía o campaña, y posteriormente a aprender a conectar su camino espiritual con Jesús, con su ocupación o su vocación. Uno de ellos estaba intrigado y preguntó que cómo era eso. Le comenté que podíamos hacer una mini sesión juntos.

Unos días más tarde, me senté con él y con su familia y le pregunté, _¿Cuál es el llamado espiritual de tu negocio?

No titubeó en lo más mínimo y dijo con naturalidad, pero con profundidad: _Debo guiar a un millón de personas al Señor durante mi vida, a través del financiamiento del Reino. He iniciado varios negocios y estoy usando los ingresos para impulsar las iglesias, los medios de comunicación, y las cruzadas."

¿Cuál es tu más grande pasión dentro de todo esto? le pregunté.

Amo muchísimo a mis hijos, contestó. ¡Odiaría que ellos estuvieran muriendo y que nadie los ayudara! ¡Quiero ayudar a los niños del mundo a conectarse con Dios!

Era extremadamente apasionado.

Entonces le pregunté, _¿Cuál es tu mayor obstáculo en estos momentos?

Me explicó que estaba teniendo problemas con sus socios, pero no mencionó nada específico. Parecía que estaba guardando la información muy herméticamente.

_¿Qué podría hacer que hubiera un avance con estos socios? Pregunté.

Sólo un milagro, dijo, se veía derrotado.

_¿Crees en los milagros?" pregunté.

_Sí..._ dijo, sonaba molesto.

_Preguntémosle a Dios, que se necesitaría para que ese milagro ocurriera.

Nos sentamos a escuchar por un momento. Él no sabía realmente qué era lo que escuchábamos, pero yo estaba esperando que nuestro amigo y Testigo, el Espíritu Santo, nos lo mostrara.

Él no escuchó nada, ¡pero yo sí! Escuché al Espíritu Santo susurrar: _Los socios de este hombre le levantaron falsas acusaciones en el 2006, y su avaricia los tiene atrapados en una demanda. Han congelado sus bienes y han pagado sobornos a algunos oficiales del gobierno; Si los perdona y se compromete Conmigo de no seguir por el camino fácil con socios corruptos que financian rápidamente, resolveré todo en un mes._

Luego escuché: _La otra parte fue la que hizo todas esas cosas de lo que lo acusaron a él. Continuar con estas demandas y juicios por más tiempo, le quitarían tiempo para él y para estar con su familia_.

Incluso, sabía qué tipo de negocio era y algunos detalles que eran secretos cruciales para el caso. Deseaba compartir todas estas cosas con él.

Le dije, _Estoy teniendo un momento de revelación espiritual. ¿Te molesta si comparto contigo algo que Dios me acaba de enseñar?

Sonrió y era claro que no sabía qué pensar de todo eso, pero fue muy abierto. Creo que pensó que yo iba a orar o algo.

Sí, por supuesto. contestó. Compartí con él todo lo que el Espíritu de Dios me había enseñado. En vez de sentirse aliviado o feliz, se salió de la habitación, enojado. Me quedé viendo a su esposa, a sus hijos adultos, y a nuestro amigo pastor que me había llevado ahí. Todos simplemente comimos en silencio durante un rato. No sabía qué debía hacer. Poco después, regresó.

Lo que me acabas de decir ahorita... nadie lo sabe, dijo. _Tú o trabajas para alguien, o eres adivino, o lo has escuchado de Dios. ¡Estos detalles que me diste son secretos! Si Dios va a resolver estos problemas y a reivindicarme, eso significa que voy a heredar muchísimo dinero otra vez y que estos hombres irán a la cárcel. No sé qué pensar. No quiero perdonarlos, pero estoy de acuerdo en que cometí un grave error al asociarme con ellos. Estaba tan desesperado. ¡Me he prometido nunca más hacer negocios con personas así!"

Entonces lo miré y dije, _Si fuera investigador, no querría guiarte hacia el perdón, si fuera un adivino, querría ganar dinero y no estaría usando las Escrituras y la conexión con Jesús como mi base teológica, sólo te estoy diciendo lo que Dios me mostró. Preguntémosle una cosa más a Dios.

¿Qué? me preguntó.

Oré:_Dios, ¿me ayudas a perdonarlos conforme yo elijo perdonarlos?

Él repitió la oración, y me podía dar cuenta que apenas lo decía de corazón. Pero Dios aceptó ese "apenas" y colocó el perdón en su corazón.

¿Qué tal si Dios pudiera hacer algo para que cambiar esta situación? le pregunté. ¿Es eso lo que te gustaría?

Por supuesto contestó, _pero ha sido una batalla legal de ocho años, lo que ha congelado la mayor parte de nuestros activos.

Compartí con él lo que Dios me había dicho: "Se resolverá en un mes."

Sabía que no me creía, aunque no lo dijo. No sabía qué pensar. Era definitivamente muy crítico de lo que yo llamaba consultoría espiritual. Nos fuimos, llevamos a cabo el evento en la iglesia y nos fuimos a casa. No puedo decir que fue una tarde o una despedida feliz. Simplemente nos fuimos.

Un mes después, cuando contesté el teléfono y escuché una voz de un hombre de negocios mayor.

No lo puedo creer dijo. _Mis viejos socios han sido acusados de corrupción en otros dos negocios que tenían. Incluso los periódicos sacaron un reportaje, y una de los encabezados locales decía: "Lo que Se Hace en Secreto, No Permanece en Secreto". Y en el mismo artículo, limpiaron mi nombre. Me regresaron mi empresa, ¡y a ellos los expulsaron! Heredé sus acciones, ¡el doble de lo que tenía! ¡No puedo creer que una noche de oración logró esto! ¡Sucedió exactamente lo que tú dijiste!"

Ese día, él y yo comenzamos a tener contacto frecuente, el cuál ha sido extremadamente fructífero.

SUS SECRETOS CREAN UNA TRANSFORMACIÓN EN LA CULTURA

Justo cuando nos estábamos mudando a Los Ángeles para iniciar nuestro ministerio y trabajar ahí en el 2006, un profeta y amigo cercano nos dio una profecía acerca de nuestro futuro. Me dijo que yo "haría historia con Dios en los edificios históricos de L.A". En ese entonces no tenía idea de lo que eso significaba, pero como lo mencioné antes, he aprendido a buscar lo espiritual.

Conforme empezamos a buscar un edificio que se adaptara a nuestras oficinas ministeriales, una sala de juntas, y un departamento o casa para vivir, encontré una casa en renta en internet. Era una casa normal tipo española que estaba muy por encima de mi presupuesto y un poco anticuada por dentro, pero no podía dejar de pensar en ella. Sentía como si Dios me estuviera diciendo que fuera a verla. Tan pronto como puse un pie en la propiedad, supe muy dentro de mí que esta era la casa en la que debía vivir durante un tiempo.

Les dije a los amigos que habían venido conmigo: _Algo importante ha ocurrido aquí en relación a Hollywood; Me pregunto, ¿de quién sería esta casa?. Me llegó una palabra de conocimiento, un secreto de Dios, de que este edificio había sido utilizado para tomar decisiones y dar asesoría a la industria del entretenimiento. Sentí el legado de la propiedad y sentí que debíamos estar ahí. Les dije a todos nuestros amigos que ese era el lugar. Dios me había revelado un secreto que se alinearía con Sus propósitos para nosotros y nuestro ministerio.

Tan pronto como conocimos al agente de bienes raíces, las primeras palabras que salieron de su boca fueron:_Aquí se escribió la historia de Hollywood"

Resulta que la casa se llamaba "Casa Bennet", llamada así en honor a un doctor que se había convertido en un productor de cine. Toda la calle tenía su nombre. Este señor, había reunido a grupos de personas que compartían una pasión por la producción cinematográfica y los había facultado para que llevaran a cabo proyectos que nunca hubieran realizado sin estos grupos. Él era una figura histórica un tanto conocida, ¡pero lo que él había hecho en esta casa en las colinas de Hollywood era maravilloso!

Rentamos la casa a un precio reducido (esa es otra historia para otra ocasión) y empezamos ahí nuestro ministerio, además de organizar proyecciones de películas, eventos, algunos ministerios de oración para Hollywood, muchas fiestas, algunas filmaciones, y otras cosas, durante esos dieciséis meses. Fue algo muy importante.

Me encantó cómo una palabra de conocimiento nos ayudó a tener fe en la casa que necesitábamos, y Dios utilizó la profecía de mi amigo y la historia de la casa para hablarnos a mí y a mi equipo sobre nuestro destino en Hollywood. Aumentó nuestra fe y nos preparó para plantar una iglesia más adelante durante ese año.

Esa palabra de conocimiento ayudó a unir nuestra fe con el trabajo que nos llamó a hacer y nos conectó con un recurso que estaba muy por afuera de nuestro alcance. En las Escrituras abundan estas historias, tanto en el Antiguo Testamento como en el Nuevo Testamento: Escuchar a Dios + recibir Su conocimiento a través de la revelación = un impacto transformacional para el mundo.

En el Capítulo 1, hablé sobre cómo Dios les dio conocimiento y sabiduría a Daniel y a sus tres amigos para que pudieran aconsejar a la nación y ayudar a mantener a Israel a salvo. Este es un prototipo importante para los días futuros. Dios les da a los cristianos acceso a Sus conocimientos y a sus planes para que podamos ayudar a traer Su luz al mundo. Cuando Él "descarga" Sus conocimientos y sabiduría, nuestras acciones y palabras se vuelven relevantes en diferentes áreas de la sociedad.

Durante décadas, hemos vivido con esta divina tensión de la iglesia estando separada de la política, del entretenimiento, de la psicología, y de tantas otras áreas de nuestra cultura, y ahora considero que Dios nos está enviando allá afuera para influir en estas áreas, que por tanto tiempo no hemos tenido a nuestro favor a través de nuestros propios esfuerzos. No te puedo decir cuántos terapeutas o científicos cristianos he conocido en los últimos diez años, que están literalmente recibiendo revelaciones sobre cómo llevar ingenio y sabiduría a su área. En algunas tradiciones del cristianismo, hay una escuela de pensamiento en la que el dualismo (la creencia de que el universo existe de manera separada a un Dios moral) no permite que nuestra fe afecte a éstas y a otras áreas de nuestra cultura. Sino más bien lo opuesto: Nuestra fe muestra que Dios es quién dice Ser en todas y cada una de las áreas de nuestras vidas.

Los conocimientos y pensamientos de Dios son realmente transformadores para el mundo que nos rodea. Piensa en la antigua iglesia, y como todos los dueños de negocios, los agentes del gobierno, los eruditos judíos, y las familias se reunían alrededor del mensaje de Jesús, sacrificando todo para ver crecer el evangelio.

No sólo esperaban que la gente fuera salva y escapara del infierno. Confiaban en la promesa de la eternidad y en un Rey que gobernaría por siempre. Vivían con una mentalidad diferente, que Jesús había moldeado. El libro de Hechos es brillante, al momento de mostrar a algunos de los antiguos líderes de nuestra fe interactuando en prisiones, en edificios de gobierno, en negocios, escuelas, sinagogas y hogares para llevar un mensaje claro proclamando a Jesús como el único camino para llegar a Dios.

Mostraron señales y milagros, dando a los que les rodeaban la fe para creer en sus mensajes. Empezaron a tener influencia en la cultura de una manera tan rápida que ni siquiera la muerte podía detener el evangelio. De hecho, las noticias sobre los discípulos y apóstoles mártires sólo expandían más el mensaje, de manera más profunda y más rápida. No hablaban de una institución creada por el hombre; vivían y morían por un evangelio vivo del amor incondicional de Dios, el cual siempre ha tenido el enorme poder de crear un gran cambio. Las palabras de conocimiento siempre fueron parte de desarrollar la sabiduría de los antiguos líderes de la iglesia, y encontramos muchos ejemplos de eso tan solo en el libro de Hechos.

Pienso en el apóstol Pablo y cómo en Hechos 17 recibió sabiduría o una palabra de conocimiento proveniente del cielo para saber cómo hablar con los atenienses, cuyas vidas y lugares públicos estaban tan llenos de altares y estatuas que habían construido para dioses paganos. Pablo les habló, en particular, sobre uno de sus altares que tenía la inscripción "Para un Dios Desconocido." A través de la percepción y conocimiento de Dios, Pablo compartió un mensaje con los tan inquisitivos filósofos, aprovechando la curiosidad que tenían en cuanto a lo espiritual ("En todo observo que sois muy religiosos," Hechos 17:22) para hablarles del único y verdadero Dios, Su naturaleza y Sus deseos de tener una relación con Su creación. Como resultado de este conocimiento espiritual al describir a los atenienses y a sus ídolos, Pablo fue invitado para regresar a hablar y, todavía más importante, un número de personas que lo habían escuchado ¡se convirtieron en sus seguidores y creyeron!

También encontramos la historia que compartí en el capítulo cuatro,acerca de la visión que tuvo Pablo sobre un hombre de Macedonia, que le suplicaba que fuera a su país. En base a una revelación, la palabra de conocimiento o palabra de sabiduría de que Macedonia estaba lista para el evangelio, Pablo cambia los planes de su viaje y como resultado, lleva a cabo una gran cosecha que transforma la región.

Es difícil, hablar de la visión profética de Pablo y de las palabras de conocimiento para los atenienses, sin considerar los secretos que Dios le reveló a Bernabé; Éste recibió una palabra de conocimiento sobre la conversión de Saulo de Tarso y aprovechó toda la reputación que tenía dentro de su comunidad por un hombre que era conocido como un vil perseguidor de los cristianos. Esta palabra (y la obediencia de Bernabé) provocó tal transformación cultural en el Imperio Romano, que tan sólo unos siglos después, Roma se convertiría en una nación cristiana, cambiando radicalmente el panorama espiritual del mundo a partir de ese momento.

Dios tiene un propósito, una voluntad y deseo para todas aquellas personas y todas aquellas cosas que Él creó. ¡Me encanta esa verdad!. Gran parte de ella está desalineada en estos días, pero Jesús pagó un precio para que un día todo se volviera a alinear con el plan original de Dios. Estamos llamados a ver el mundo como se supone que es y vivir con la Tensión divina de lo que es ahora – estando de pie en la brecha del sueño de Dios sobre la humanidad.

Cuando nos conectamos con la mente de Dios, Él empieza a mostrarnos secretos de aquellos que no se encuentran en íntima relación con él, de la misma forma que le dio secretos a Pablo acerca de los filósofos atenienses. Empezamos a sentir el llamado de Su voluntad divina e intercambiamos nuestros pensamientos e ideas por unas más elevadas que provienen de Él.

Las palabras de conocimiento no sólo nos llevan a profetizar para los demás. También son para nuestras propias vidas, ayudándonos a conectarnos al plan actual y original de Dios y alinear Sus magistrales propósitos e identidad, o lo que yo llamo nuestro "cableado". Refuerzan nuestra fe y restauran nuestra capacidad para caminar completamente hacia Sus propósitos, desarrollando en nosotros un pensamiento transformador con respecto al mundo que nos rodea. Tener la mente y el corazón de Dios nos prepara para infundir significado y conocimiento espiritual en todos los aspectos de nuestra vida, asegurando una transformación cultural.

SUS SECRETOS REVELAN SUS MÁS ÍNTIMAS PROFUNDIDADES

Como ya lo he mencionado en capítulos anteriores (pero quiero asegurarme de que realmente lo comprendas), las palabras de conocimiento son un medio a través del cual Dios nos da Sus favores, Su gracia, crecimiento, soluciones y mejoras. Nos dice algo que tiene una causa y un efecto.

Volviendo al tema anterior de compartir la mente con Jesús, ¿te imaginas cuánto quisieran las personas saber qué pasa por la mente de millonarios, presidentes, celebridades, y gente poderosa? Los investigadores han gastado bastante dinero en averiguar qué hace funcionar a líderes como estos; ¿Cómo se convirtieron en las personas que son? ¿Cuál fue su proceso? ¿Qué hacen diariamente que sea diferente a lo que la gente común hace? ¿Existen algunos patrones de vida que podamos repetir para ser más exitosos o para tener lo que ellos tienen? Todos estos son patrones comunes de pensamiento humano. ¿Por qué la gente idolatra a las personas influyentes? Porque se sienten inspirados por ellos.

A través de palabras de conocimiento podemos escuchar los pensamientos ¡de la persona más poderosa del universo! Podemos descubrir qué Lo hace funcionar, cuáles son Sus sueños, que añora hacer en los corazones de Su creación. Podemos crecer en nuestra capacidad de llevar Su corazón y Sus pensamientos, de formas que hagan una diferencia en nosotros y en el mundo que nos rodea.

Veámoslo de esta forma: yo te garantizo que, si te casas con un banquero de inversiones, tus finanzas van a cambiar. Si te casas con una estrella de cine, tu círculo social se verá transformado. Si te casas con un presidente, tu autoridad va a crecer. De la misma forma, si tienes un Dios que hace una alianza contigo, debido a quién es Él, tu oportunidad y tu identidad van a cambiar y te van a transformar.

El espíritu de sabiduría y de revelación de Efesios 1:17-23 es una imagen perfecta de las palabras de conocimiento y de los dones reveladores:

> *No ceso de dar gracias por vosotros, haciendo memoria de vosotros en mis oraciones, para que el Dios de nuestro Señor Jesucristo, el Padre de gloria, os dé espíritu de sabiduría y de revelación en el conocimiento de él, alumbrando los ojos de vuestro entendimiento, para que sepáis cuál es la esperanza a que él os ha llamado, y cuáles las riquezas de la gloria de su herencia en los santos, y cuál la supereminente grandeza de su poder para con nosotros los que creemos, según la operación del poder de su fuerza, la cual operó en Cristo, resucitándole de los muertos y sentándole a su diestra en los lugares celestiales, sobre todo principado y autoridad y poder y señorío, y sobre todo nombre que se nombra, no sólo en este siglo, sino también en el venidero; y sometió todas las cosas bajo sus pies, y lo dio por cabeza sobre todas las cosas a la iglesia, la cual es su cuerpo, la plenitud de Aquel que todo lo llena en todo.*

El Espíritu Santo libera nuestra comprensión para que podamos realmente conocer a Jesús de la manera en que Él quiere que lo conozcamos. Además de eso, cuanto más lo vemos, más comprendemos Su poder y Su autoridad. Él es el nombre que se encuentra por encima de todos los nombres, el gobernante por encima de toda autoridad. Él tiene todo el poder, no sólo por ahora sino para siempre. Cuanto más te acerques a Él, más consciente serás de Su autoridad. Esto tiene consecuencias importantes en tu vida.

Simplemente, no puedes ser amigo de personas poderosas sin contagiarte de su autoridad y seguridad. Cuando buscamos los secretos de Dios a través de las palabras de conocimiento y continuamos hacia las profundidades del corazón y de la mente de Cristo, estamos, en esencia, volviéndonos uno con Dios. Su naturaleza realmente trae cambio e impacto en nosotros y a través de nosotros.

Siempre pienso en uno de los más grandes hombres de Los Ángeles, a quien respeto mucho. No tuvo una gran infancia. Cuando fue salvo y empezó ir detrás de Dios, mostró un corazón tan compasivo que empezó un ministerio para adolescentes sin hogar. Debido a que el periodo para recabar donaciones y ayudar a su obra era tan tedioso, le pidió a Dios dos cosas: ayuda con lo económico y ayuda con su propósito.

Aun cuando realmente no tuvo una infancia y nunca tuvo juguetes, este hombre empezó a soñar con juguetes. Con el tiempo, empezó a poner atención, ya que algunos de los sueños incluían planes y prototipos, casi como si fuera un inventor soñando con su próxima idea. Una mañana, después de un sueño particularmente vívido, dibujó los planos que había visto en su sueño, los anotó, y luego se los llevó a un amigo que era experto y que rápidamente se sintió impresionado por lo que le había enseñado.

Decidieron patentar los planes y se quedaron sorprendidos cuando uno de los fabricantes de juguetes más grandes del país autorizó su patente. El dinero comenzó a llegar, pero mejor aún, este hombre empezó a tener fe en otras ideas.

Describió estas ideas como "descargadas del cielo." Yo creo que si buscamos y confiamos en las Escrituras que nos muestran que tenemos la mente de Dios, entenderemos cómo Él puede introducir pensamientos en nosotros - ¡incluso inventos completos! Conocemos muchas historias sobre inventores americanos, pero si cavamos un poco más profundo, me pregunto ¿cuántos de los grandes inventos que hoy tenemos se originaron a través de que

Dios –el inventor original y Creador Maestro – compartiera Sus secretos?

SUS SECRETOS NOS MUESTRAN A DIOS

En Su vida terrenal, el ejemplo de Jesús de lo que es una verdadera relación nos da una imagen espectacular de lo que es la comunión con las ideas de nuestro Padre en los cielos. Jesús no sólo escucha los planes de Su Padre. También entiende los motivos, intenciones y deseos de Su Padre. Incluso empieza a proclamarse a Sí mismo como el representante no sólo de Dios, nos dice que cuando lo veas podrás ver al Padre en los cielos (ver Juan 14:9).

¡Esto es increíble! Jesús está tan en sintonía con Dios que se convierte en una semejanza de la personalidad de Su Padre.

Para explicarlo de manera que te puedas relacionar mejor, piensa en el matrimonio y en cómo dos se vuelven uno a través de esa unión. Si alguna vez has visto a dos personas felizmente casadas después de décadas de matrimonio, podrás ver que los dos pueden representarse plenamente entre sí. No importa si hablan con un abogado, un médico o un compañero de trabajo. Se encuentran tan sintonizados en cuanto a cómo toma decisiones su cónyuge – qué les gustaría, qué necesitan, qué preguntarían – que pueden abogar por el otro.

Cuando escuchamos palabras de conocimiento (o cualquier revelación realmente), parte de ellas reflejan quién es Dios. Podemos profundizar en Sus secretos y ver un reflejo de Dios como si estuviéramos viendo un espejo.

SUS SECRETOS NOS MUESTRAN LAS PROMESAS DE LAS ESCRITURAS

Una de las primeras veces que ministré en una iglesia fue en Australia. Me encontraba en ese lugar por primera vez. Durante mi primera sesión, mencioné de tres a cuatro nombres y fechas, pero no concordaban con nadie ahí. Yo era nuevo en esto y empecé a sentir que mis mejillas se sonrojaban de vergüenza, pero perseveré y tuvimos una buena reunión. Simplemente no requería de un modelo o un ministerio profético. ¡Afortunadamente, tenía más sesiones, que salieron maravillosamente después de la primera!

Aproximadamente un año después de esa reunión, Cherie y yo tuvimos a nuestra segunda hija, Hartley. A los cinco meses de nacida, contrajo un virus muy grave llamado RSV. Estaba programado que yo estuviera en una iglesia que amo y a la que me siento muy cercano, pero debido a la enfermedad de Hartley estaba planeando cancelar el viaje para que pudiera quedarme en casa con mi esposa, mi suegra que estaba de visita, y nuestra primogénita, Harper.

Pero Cherie sentía que yo realmente debía ir. Ella había sido parte del personal en esa iglesia en particular y se sentía totalmente apoyada en casa. Hartley se veía mejor, aunque no totalmente recuperada, y el pastor de la iglesia llamó para decir que la iglesia había estado orando por su sanación y que sentía que habría un avance y que el RSV iba a ceder. Fui a regañadientes, sintiéndome obligado a ir, sin querer estar en esta iglesia en lugar de con mi familia.

Con tantas cosas que estaban ocurriendo en casa, no había tenido mucho tiempo para prepararme. Recuerdo estar en el servicio sintiéndome muy agobiado. Simplemente no podía conectar mi corazón con mi cabeza para hablar. No tenía nada que compartir. Clamé a Dios en oración y Lo escuché contestarme, pero de una manera muy inesperada. Dijo, *Saca la lista que no funcionó en Australia.*

Ahora bien, déjeme explicar esto. La única razón por la que todavía tenía esa lista de un año atrás, era porque no había borrado las notas de mi iPad. Esta lista en particular era un poco delicada para mí porque ninguna de las palabras había funcionado.

Pensé en forma de oración: *"¿Me estás diciendo que esas palabras con las que me equivoqué hace casi un año son para esta conferencia? ¿Esa gente podría estar aquí?"*

Abrí las notas en mi iPad y cuando era momento de subir al escenario compartí lo que me había sucedido en Australia, pero les dije que iba a tratar de usar esas mismas palabras de conocimiento esa noche. La gente no sabía qué pensar. La primera palabra fue para una pareja y las llamé por su nombre y fecha de aniversario. Después les pregunté si acababan de tener un nieto. Asintieron con la cabeza. Entonces les pregunté si su nieto se llamaba Greyson. Se les llenaron los ojos de lágrimas.

_¡Esperen un momento! dije totalmente asombrado. _¿Me están diciendo que las palabras que tenía yo sobre su familia, antes de que su nieto fuera incluso concebido, han estado en mi iPad durante casi un año? Dios realmente nos conoce antes de que estemos en el vientre de nuestra madre. Él conoce nuestro nombre incluso antes de que lleguemos a la tierra. ¡Conoce nuestro contexto antes de que nosotros existamos en otra parte que no sea su imaginación! ¡Que Dios tan increíble!"

Me encanta cómo la experiencia de una palabra de conocimiento puede hacer que los principios de la Biblia cobren vida. Puede hacer que el Dios de la Biblia que parece estar tan lejano para muchos ¡exista en el aquí y el ahora! Crea una sorpresa y un asombro en la persona a la que se refieren esas palabras, pero cuando empiezas a reconocer esos momentos, ¡tú también cambias con ellos!

SUS SECRETOS REVELAN SU GRAN AMOR Y COMPASIÓN POR NOSOTROS

Me encontraba en una iglesia en el norte de California, y mencioné el nombre de una mujer y le pregunté si había tenido un perro bóxer llamado Sydney que había fallecido un par de años antes.

Ella confirmó estas palabras de conocimiento.

Continúe diciéndole que su perro estaba con Jesús en el cielo y que nada de lo que amamos se pierde (polémico, lo sé - ¿animales en el cielo? Tal vez debería escribir un libro completo sobre el tema). Luego le dije que su familia estaba a punto de tener un gran avance, incluyendo sus hijos.

Bien, esa pequeña palabra de afirmación fue muy importante. Su familia es una familia líder muy fuerte en su iglesia, y habían tenido varias pérdidas. Ella no había ido a la iglesia durante algún tiempo. De hecho, cuando su bóxer murió, su hijo menor no le dijo a nadie lo enojado que se encontraba con Dios y entró en un estado de depresión que rápidamente se había convertido en una situación grave que había necesitado tratamiento. El perro había sido la última gota en un número de circunstancias difíciles para él.

Luego, dos años después de que el perro falleció, pasé por su ciudad y me presenté en la iglesia a la que ella no había podido ir debido a todo el drama familiar ¡y la llamé por su nombre! Jesús empezó a solucionar el problema del perro que inició todos los problemas con su hijo. Cuando llegó a casa, su hijo tenía una imagen muy diferente del Dios al que había estado juzgando. Dios se convirtió en un Padre amoroso que estaba cuidando a su perro hasta que él lo pudiera volver a ver.

Las palabras de conocimiento y cualquier revelación que obtengamos de Dios nos ayudan a relacionarnos con un Creador y Maestro que es tan grande, tan maravilloso, tan increíble, tan profundo, y que se encuentra mucho más allá de nosotros. Nuestras mentes humanas sólo pueden comprender hasta cierto punto cuando leemos las Escrituras. Necesitamos el Espíritu de Dios para que sople vida en nosotros y nos sirva como puente con este Dios que desea que lo conozcamos.

En otra ocasión, en mi propia iglesia, uno los pastores que estaba hablando nos pidió que oráramos por las personas que se encontraban a nuestro alrededor y que los alentáramos. Me quedé viendo a una de las mujeres de nuestra iglesia a quien conozco, aunque no muy bien (tenemos una muy buena química como amigos) y empecé a ver la imagen de un libro llamado "El libro de Juan". Al principio, pensé que literalmente se trataba del libro de Juan en la Biblia, pero después me di cuenta que era un hombre con quien ella tenía una conexión y vi que el libro se cerró. Entonces Dios lo colocó en una repisa, abrió un nuevo libro y escribió un nombre nuevo de un hombre en éste. Dios parecía sumamente compasivo... Es difícil de describir.

Le dije lo que había visto, y se quedó sorprendida. Juan era su exesposo, por quien todavía sentía cariño; había estado esperando restaurar su fe. Había resuelto la situación con Dios, pero todavía se sentía avergonzada por su divorcio y como si de alguna manera su vida amorosa hubiera llegado a su fin. Aun cuando había estado asistiendo a algunas sesiones de orientación, seguía sintiéndose indigna.

No podía ver a Dios ni Su perspectiva en cuanto a su vida amorosa. Sólo podía ver su fracaso anterior, lo que le hizo limitar su autoestima y su visión de lo que Dios quería hacer en su vida. Para traer la restauración que Él sabía que ella necesitaba, Dios le mostró Su mano y Su corazón.

Pienso en Jesús, cuando le mostró a la mujer samaritana quién era en Juan 4. Sé que ya mencioné esta historia anteriormente, pero era algo imposible que ella pudiera ver al Dios hebreo. Ella era samaritana, lo que significaba que no conocía la teología judía. Aun así, Jesús se reveló a Sí Mismo como el Dios de toda la creación – incluso de los samaritanos. Es una imagen hermosa de Su amor, el cual nos da a través de la revelación.

Con suerte, estarás descubriendo que el escuchar palabras de conocimiento no es sólo para un ministerio personal, sino también para tener una vida próspera llena de bendiciones inesperadas.

Un día antes de conocer a mi mejor amigo, soñé con él. No fue un sueño parabólico; literalmente lo vi. Sentí como si Dios me estuviera mostrando la amistad e incluso escuche que Su voz me decía, *Si siembras en este muchacho, te permitiré cosechar de su trabajo porque él hará cosas más grandes que tú durante su vida y con su familia.*

No sabía completamente lo que eso significaba, pero cuando lo conocí al siguiente día, era exactamente la misma persona de mi sueño.

Lo que no sabía era que a través de esta amistad yo aprendería muchísimo sobre hermandad, alianzas, y lealtad. Ha sido una de mis amistades más largas hasta la fecha. Una palabra de conocimiento que me mostró que él existía cambió nuestros destinos para siempre.

Muchas veces seccionamos el uso de un don. Pero si lo aplicamos a nuestra relación con Dios, podemos tener fe en Sus ideas, Sus pensamientos, Sus palabras – y en Sus mejores amigos – ¡lo que puede reestructurar nuestras vidas y el mundo que nos rodea!

8

UNA GUÍA A LAS PALABRAS DE CONOCIMIENTO EN LAS ESCRITURAS

¿Te das cuenta, de que las palabras de conocimiento son una de las principales demostraciones de la voz de Dios? ¡Son realmente un elemento básico de cómo Él le habló a su creación! ¡Ver las diferentes razones por las que Dios usa las palabras de conocimiento, aumenta tu fe en cuanto a cómo puede Él usarlas en tu vida en estos momentos!

En la lista a continuación, he identificado treinta y tres tipos de palabras de conocimiento dentro de la Biblia. Nuestro *Libro de Trabajo Interpretando a Dios,* menciona estas referencias más detalladamente, pero quería ayudarte a estructurar tu fe en cuanto a algunas de las formas en las que las palabras de conocimiento pueden resultar útiles.

Me encantan las palabras de conocimiento que tienen que ver con transporte, encontrar a personas extraviadas, provisiones, e identificar a personas. Ver estos ejemplos dentro de las Escrituras siempre me ayuda a conectar mi fe con este maravilloso don. Oro porque a ti te suceda lo mismo conforme recibas la Palabra inspiradora. Escuchamos los pensamientos y el corazón de Dios de maneras que realmente impactan nuestras vidas, así como al mundo que nos rodea.

LAS PALABRAS DE CONOCIMIENTO DENTRO DE LA BIBLIA (RVC)

Identificando a las Personas por su Nombre

Lucas 19:5-6: *Cuando Jesús llegó a ese lugar, levantó la vista y le dijo: «Zaqueo, apúrate y baja de allí, porque hoy tengo que pasar la noche en tu casa.» Zaqueo bajó de prisa, y con mucho gusto recibió a Jesús.*

Juan 1:42: *Entonces lo llevó a Jesús, quien al verlo dijo: «Tú eres Simón, el hijo de Jonás; tú serás llamado Cefas (que quiere decir, Pedro).*

Hechos 10:4-6: *Cornelio miró fijamente al ángel y, con mucho temor, le preguntó: «Señor, ¿qué se te ofrece?» Y el ángel le respondió: «Dios ha escuchado tus oraciones, y la ayuda que has dado a otros la ha recibido como una ofrenda. Envía a tus hombres a Jope, y haz que venga Simón, al que también se le conoce como Pedro, que está hospedándose en casa de Simón el curtidor, quien vive junto al mar.»*

Identificando a Jesús en diferentes Situaciones

Mateo 16:16-17: *Simón Pedro respondió:* «¡Tú eres el Cristo, el Hijo del Dios viviente!» *Entonces Jesús le dijo: «Bienaventurado eres, Simón, hijo de Jonás, porque no te lo reveló ningún mortal, sino mi Padre que está en los cielos.*

Lucas 2: 36-38: *También estaba allí Ana, hija de Fanuel, de la tribu de Aser. Ana era una profetisa de edad muy avanzada. Desde su virginidad, había vivido siete años de matrimonio, y ahora era una viuda de ochenta y cuatro años. Nunca se apartaba del templo, sino que de día y de noche rendía culto a Dios con ayunos y oraciones. En ese mismo instante Ana se presentó, y dio gracias a Dios y habló del niño a todos los que esperaban la redención de Jerusalén.*

Detalles Íntimos sobre la Infancia

Juan 21:18: *De cierto, de cierto te digo: Cuando eras más joven, te vestías e ibas a donde querías; pero cuando ya seas viejo, extenderás tus manos y te vestirá otro, y te llevará a donde no quieras.»*

Bienestar Emocional de una Persona

2 Reyes 4:27: *Ella respondió que estaba bien, pero en cuanto llegó al monte, donde estaba el varón de Dios, se arrojó a sus pies. Guejazí se acercó y trató de levantarla, pero el varón de Dios le dijo: «Déjala, que se encuentra muy amargada. Pero el Señor no me ha dicho qué es lo que pasa, sino que me ha encubierto el motivo.»*

Dios Designando a Alguien para un Puesto

1 Samuel 16:3-5: *Llama luego a Yesé para que te acompañe en el sacrificio, y allí te diré lo que tienes que hacer, y consagrarás*

como rey a quien yo te diga.» Y Samuel hizo lo que el Señor le dijo. En cuanto llegó a Belén, los ancianos de la ciudad salieron temerosos a recibirlo, y le preguntaron:

«¿Vienes con intenciones pacíficas?» Y Samuel les respondió: «Sí, vengo a ofrecer un sacrificio al Señor. Purifíquense y acompáñenme.» Y Samuel purificó también a Yesé y a sus hijos, y los invitó al sacrificio

Hechos 13:2: *Como ellos servían al Señor y ayunaban siempre, el Espíritu Santo dijo: «Apártenme a Bernabé y a Saulo, porque los he llamado para un importante trabajo.»*

Lugares en Dónde Quedarse/Comer

Marco 14:12-16: *El primer día de la fiesta de los panes sin levadura, que es cuando se sacrifica el cordero de la pascua, sus discípulos le preguntaron: «¿Dónde quieres que hagamos los preparativos para que comas la pascua?» Jesús envió a dos de sus discípulos. Les dijo: «Vayan a la ciudad, y les saldrá al encuentro un hombre que lleva un cántaro de agua. Síganlo, y díganle al dueño de la casa donde entre: "El Maestro pregunta: ¿Dónde está el aposento en donde comeré la pascua con mis discípulos? El dueño les mostrará entonces un gran aposento alto, ya dispuesto. Hagan allí los preparativos para nosotros.» Los discípulos partieron, y al entrar en la ciudad encontraron todo tal y como Jesús se lo había dicho, y prepararon la pascua.*

Interpretación de Sueños

Daniel 2:18-19: *Después, Daniel se fue a su casa e informó a sus compañeros Ananías, Misael y Azarías lo que pasaba, a fin de que ellos le pidieran al Dios del cielo que se mostrara misericordioso en relación con este misterio, para que Daniel y sus compañeros no murieran junto con los otros sabios de Babilonia. Fue así como, durante una visión nocturna, el secreto le fue revelado a Daniel, por lo cual Daniel bendijo al Dios del cielo.*

Génesis 40:8-12: *Ellos le dijeron: «Hemos tenido un sueño, y no hay quien lo interprete.» Y José les dijo: «¿Acaso no corresponde a Dios interpretar los sueños? Cuéntenmelo ahora.» Entonces el jefe de los coperos le contó su sueño a José, y le dijo: «En mi sueño, veía yo una vid delante de mí; en la vid había tres sarmientos. La vid parecía brotar y arrojar su flor, y las uvas de sus racimos maduraban. Yo tenía en la mano la copa del faraón, y tomaba las uvas y las exprimía en la copa, y daba al faraón la copa en su mano.» José le dijo: «Ésta es la interpretación: los tres sarmientos son tres días...*

Carácter Personal

Juan 1:47: *Cuando Jesús vio que Natanael se le acercaba, dijo de él: «Aquí tienen a un verdadero israelita, en quien no hay engaño.»*

Actividades Pasadas y Entorno

Juan 1:48: *Natanael le dijo: «¿Y de dónde me conoces?» Jesús le respondió: «Te vi antes de que Felipe te llamara, cuando estabas debajo de la higuera.»*

Revelando la Identidad Correcta/Motivos Ocultos

1 Reyes 14:5-6: *Pero el Señor le había dicho: «Ajías, la mujer de Jeroboán va a venir a consultarte acerca de su hijo enfermo.*

Viene disfrazada, pero cuando llegue le dirás lo que yo te mande.» Cuando ella llegó y cruzó la puerta, Ajías escuchó sus pisadas y le dijo: «Entra, mujer de Jeroboán. ¿Por qué vienes disfrazada? Escucha bien, que tengo un mensaje muy duro para ti.

Haciendo planes / Dando Conocimiento y Habilidad para Construir

Génesis 6:14-22: *Hazte un arca de madera de gofer, con aposentos en ella, y recúbrela con brea por dentro y por fuera. Hazla de esta manera: su longitud será de ciento treinta y cinco metros, su anchura será de veintidós y medio metros, y su altura de trece y medio metros. Hazle una ventana, y termínala a medio metro de altura desde la parte de arriba. Pon en su costado la puerta del arca, y hazle un piso inferior, y un segundo y un tercer piso. Yo voy a traer sobre la tierra un diluvio, y destruiré a todo ser bajo el cielo en que haya hálito de vida. ¡Todo lo que hay en la tierra morirá! Pero contigo estableceré mi pacto, y tú entrarás en el arca, y contigo tus hijos, tu mujer, y las mujeres de tus hijos. De todos los seres vivos meterás en el arca dos de cada especie, un macho y una hembra, para que sobrevivan contigo. De las aves según su especie, de las bestias según su especie, y de todo reptil de la tierra según su especie, entrarán contigo dos de cada especie, para que sobrevivan. Lleva contigo de todo aquello que se puede comer, y almacénalo, pues eso les servirá de alimento.» Y Noé lo hizo así. Todo lo hizo conforme a lo que Dios le ordenó.*

Éxodo 35:30-35: *Moisés les dijo a los hijos de Israel: «Como pueden ver, el Señor ha designado a Besalel hijo de Uri, hijo de Jur, de la tribu de Judá. Lo ha llenado del espíritu de Dios y le ha dado sabiduría, inteligencia, ciencia y dotes artísticas, para crear diseños y para trabajar en oro, plata y bronce, en el tallado y engaste de piedras preciosas, y en todo trabajo ingenioso en madera. Además, a él y a Aholiab hijo de Ajisamac, de la tribu de Dan, les ha dado la capacidad de enseñar; ha llenado de sabiduría su corazón, para que hagan toda clase de obra artística y creativa en los telares, y de trabajos y diseños bordados en azul, púrpura, carmesí, y lino fino.*

Identificando el Embarazo y el Propósito

Mateo 1:20-21: *Mientras José reflexionaba al respecto, un ángel del Señor se le apareció en sueños y le dijo: «José, hijo de David, no temas recibir a María, tu mujer, porque su hijo ha sido concebido por el Espíritu Santo. María tendrá un hijo, a quien pondrás por nombre JESÚS, porque él salvará a su pueblo de sus pecados.»*

Lucas 1:11-17: *En eso, un ángel del Señor se le apareció a Zacarías. Estaba parado a la derecha del altar del incienso. Cuando Zacarías lo vio, se desconcertó y le sobrevino un gran temor; pero el ángel le dijo: «Zacarías, no tengas miedo, porque tu oración ha sido escuchada. Tu esposa Elisabet te dará un hijo, y tú le pondrás por nombre Juan. Tendrás gozo y alegría, y muchos se regocijarán de su nacimiento, pues ante Dios será un hombre muy importante. No beberá vino ni licor, y tendrá la plenitud del Espíritu Santo desde antes de nacer. Él hará que muchos de los hijos de Israel se vuelvan al Señor su Dios, y lo precederá con el espíritu y el poder de Elías, para hacer que los padres se reconcilien con sus hijos, y para llevar a los desobedientes a obtener la sabiduría de los justos. Así preparará bien al pueblo para recibir al Señor.»*

Descubriendo el Pecado

Josué 7:10-11: *El Señor le respondió a Josué «¿Por qué estás con el rostro en el suelo? ¡Levántate! Israel ha pecado. Ha quebrantado el pacto que yo le ordené, y además ha tomado lo que le prohibí tomar. Han robado, han mentido, y han guardado entre sus pertenencias lo robado.*

Juan 6:70-71: *Jesús les respondió: «¿Y acaso no los he escogido yo a ustedes doce, y uno de ustedes es un diablo?» Y se refería Jesús a Judas Iscariote, hijo de Simón, porque éste era uno de los doce, y era el que lo iba a entregar.*

Descubriendo la Verdad/ Revelando las Mentiras

2 Reyes 5:25-27: *Después de eso, se presentó ante su señor. Y Eliseo le dijo: «¿De dónde vienes, Guejazí?» Y él contestó: «Yo no he ido a ninguna parte.» Entonces Eliseo le dijo:*

«¿Crees que yo no estaba allí, en espíritu, cuando aquel hombre bajó de su carro a recibirte? Pero éste no es el momento de recibir plata y vestidos, ni olivares, viñas, ovejas, bueyes, siervos y siervas. Por lo tanto, la lepra de Namán se te pegará a ti y a tu descendencia para siempre.» Y cuando Guejazí salió de la presencia de Eliseo, estaba blanco como la nieve.

Encontrando Personas/Cosas Pérdidas

1 Samuel 9:19-20: *Y Samuel le respondió: «Yo soy el vidente. Acompáñame al santuario allá arriba, y come hoy conmigo. Mañana, cuando te vayas, te diré todo lo que te está inquietando. Yo sé qué hace tres días se perdieron las asnas*

de tu padre, pero no te preocupes, porque ya las encontraron. Ahora dime: ¿Quién merece tener lo mejor que hay en Israel? Te lo voy a decir. Lo merecen tú y la familia de tu padre.»

Recuperando a los Secuestrados

1 Samuel 10:22: así que le preguntaron al Señor por qué Saúl no estaba allí, y el Señor les dijo: «Búsquenlo entre el equipaje, pues allí está escondido.»

El Estado de las Siete Iglesias de Revelación

Apocalipsis Capítulos 2-3

Instrucciones / Asignación

Hechos 9:11: *El Señor le dijo: «Levántate y ve a la calle llamada "Derecha"; allí, en la casa de Judas, busca a un hombre llamado Saulo, que es de Tarso y está orando. 12 Saulo ha tenido una visión, en la que vio que un varón llamado Ananías entraba y le imponía las manos, con lo que le hacía recobrar la vista.*

Hechos 16:9-10: *Allí, una noche Pablo tuvo una visión, en la que veía ante él a un varón macedonio, que suplicante le decía: «Pasa a Macedonia, y ayúdanos.» Después de que Pablo tuvo la visión, enseguida nos dispusimos a partir hacia Macedonia, pues estábamos seguros de que Dios nos estaba llamando a anunciarles el evangelio.*

Sanación

Hechos 9:17-19: *Ananías fue y, una vez dentro de la casa, le impuso las manos y le dijo: «Hermano Saulo, el Señor Jesús, que se te apareció en el camino por donde venías, me ha enviado para que recobres la vista y seas lleno del Espíritu Santo.» Al momento, de los ojos de Saulo cayó algo que parecían escamas, y éste recibió la vista. Luego que se levantó, fue bautizado; y después de comer recobró las fuerzas y durante algunos días se quedó con los discípulos que estaban en Damasco.*

Hechos 14:8-10: *En Listra había un hombre lisiado de nacimiento; no podía mover los pies ni había caminado jamás. Estaba sentado, escuchando a Pablo; y cuando Pablo lo vio a los ojos, comprendió que tenía fe para ser sanado. Entonces Pablo levantó la voz y le dijo: «Levántate, y apóyate sobre tus pies.» Y aquel hombre dio un salto y comenzó a caminar.*

Resurrección

Juan 11:4: *Cuando Jesús lo oyó, dijo: «Esta enfermedad no es de muerte, sino que es para la gloria de Dios y para que el Hijo de Dios sea glorificado por ella.»*

Avance en las Circunstancias

Hechos 9:12: *Saulo ha tenido una visión, en la que vio que un varón llamado Ananías entraba y le imponía las manos, con lo que le hacía recobrar la vista.»*

Destino

Hechos 9:15-16: *Y el Señor le dijo: «Ve allá, porque él es para mí un instrumento escogido. Él va a llevar mi nombre a las naciones, a los reyes y a los hijos de Israel. Yo le voy a mostrar todo lo que tiene que sufrir por causa de mi nombre.»*

Conexiones Divinas

Hechos 10:19-20: *Y mientras Pedro meditaba en la visión, el Espíritu le dijo: «Tres hombres te buscan. Así que baja a verlos, y no dudes en ir con ellos, porque yo los he enviado.»*

Conociendo los Pensamientos y las Intenciones de Otros

Mateo 9:4-8: *Pero Jesús, que conocía los pensamientos de ellos, dijo: _¿Por qué piensan mal dentro de ustedes mismos? ¿Qué es más fácil? ¿Qué le diga "los pecados te son perdonados", o que le diga "levántate y anda"? Pues para que ustedes sepan que el Hijo del Hombre tiene autoridad en la tierra para perdonar pecados, entonces éste le dice al paralítico: _"Levántate, toma tu camilla, y vete a tu casa"_ Entonces el paralítico se levantó y se fue a su casa. Al ver esto, la gente se quedó asombrada y glorificó a Dios, que había dado tal poder a los hombres.*

1 Corintios 14:24-25: *Pero si todos ustedes profetizan, y entra algún incrédulo o alguien que sepa poco de la fe cristiana, esa persona podrá ser reprendida y juzgada por todos ustedes; así los secretos de su corazón quedarán al descubierto, y esa persona se postrará ante Dios y lo adorará, y reconocerá que Dios está realmente entre ustedes.*

Lucas 5:22: *Jesús, que conocía sus pensamientos, les dijo: ¿Por qué cavilan en su corazón?*

Marcos 2:8: *Enseguida Jesús se dio cuenta de lo que estaban pensando, así que les preguntó: ¿Qué es lo que cavilan en su corazón?*

Mateo 22:18: *Pero Jesús, que conocía la malicia de ellos, les dijo: _¡Hipócritas! ¿Por qué me tienden trampas?*

Advertencias/Seguridad

Hechos 27:10: *Les dijo: _Amigos, si seguimos navegando, creo que sufriremos perjuicios y pérdidas, no sólo del cargamento y de la nave sino también de nosotros.*

2 Reyes 6:9: *Entonces el varón de Dios mandó a decir al rey de Israel:«Ten cuidado de no pasar por tal lugar, porque los sirios van a acampar allí.»*

Mateo 2:12 *Pero como en sueños se les advirtió que no volvieran a donde estaba Herodes, regresaron a su tierra por otro camino.*

Evangelismo

Juan 4:17-26: *La mujer le dijo: «No tengo marido.» Jesús le dijo: «Haces bien en decir que no tienes marido, porque ya has tenido cinco maridos, y el que ahora tienes no es tu marido. Esto que has dicho es verdad.» La mujer le dijo: «Señor, me parece que tú eres profeta. Nuestros padres adoraron en este monte, y ustedes dicen que el lugar donde se debe adorar es Jerusalén.» Jesús le dijo: «Créeme, mujer, que viene la hora cuando ni en este monte ni en Jerusalén adorarán ustedes al Padre. Ustedes adoran lo que no saben; nosotros adoramos lo que sabemos; porque la salvación viene de los judíos. Pero viene la hora, y ya llegó, cuando los verdaderos adoradores adorarán al Padre en espíritu y en verdad; porque también el Padre busca que lo adoren tales adoradores. Dios es Espíritu; y es necesario que los que lo adoran, lo adoren en espíritu y en verdad.» Le dijo la mujer: «Yo sé que el Mesías, llamado el Cristo, ha de venir; y que cuando él venga nos explicará todas las cosas.» Jesús le dijo: «Yo soy, el que habla contigo.»*

Juan 1:47-51: Cuando Jesús vio que Natanael se le acercaba, dijo de él: «Aquí tienen a un verdadero israelita, en quien no hay engaño.» Natanael le dijo: «¿Y de dónde me conoces?» Jesús le respondió: «Te vi antes de que Felipe te llamara, cuando estabas debajo de la higuera.» Natanael le dijo: «Rabí, ¡tú eres el Hijo de Dios!; ¡tú eres el Rey de Israel!» Jesús le respondió: «¿Crees sólo porque te dije que te vi debajo de la higuera? ¡Pues cosas mayores que éstas verás!» También le dijo: «De cierto, de cierto les digo, que de aquí en adelante verán el cielo abierto, y a los ángeles de Dios subir y bajar sobre el Hijo del Hombre».

Rompiendo las Restricciones Sociales

Hechos 10:15–23: Por segunda vez la voz le dijo: «Lo que Dios ha limpiado, no lo llames común.» Esto se repitió tres veces. Después el lienzo fue recogido y llevado inmediatamente al cielo. Mientras Pedro no lograba entender el significado de la visión que había tenido, los hombres que Cornelio había enviado llegaron a la puerta, y preguntaban por la casa de Simón. Llamaron y preguntaron si allí se estaba hospedando Simón, al que también se le conocía como Pedro. Y mientras Pedro meditaba en la visión, el Espíritu le dijo: «Tres hombres te buscan. Así que baja a verlos, y no dudes en ir con ellos, porque yo los he enviado». Pedro bajó entonces a donde estaban los hombres enviados por Cornelio, y les dijo: «Yo soy el que ustedes buscan. ¿Por qué han venido?» Ellos le dijeron: «Cornelio, el centurión, es un hombre justo y temeroso de Dios. Todos los judíos hablan bien de él. Un ángel le dio instrucciones de que vayas a su casa, para que él escuche tus palabras». Entonces Pedro los hizo pasar y los hospedó, y al día siguiente se fue con ellos y con algunos de los hermanos de Jope.

Provisiones

Mateo 17:27: *Sin embargo, para no ofenderlos, ve al lago, echa el anzuelo, y toma el primer pez que saques. Al abrirle la boca, hallarás una moneda. Tómala, y dásela a ellos por ti y por mí.*

Mateo 21: 2-3: *y les dijo: «Vayan a la aldea que tienen ante ustedes. Allí encontrarán una burra atada, junto con un burrito; desátenla y tráiganmelos. 3 Si alguien les dice algo, respóndanle: "El Señor los necesita. Luego los devolverá"».*

Transporte

Hechos 8:26-40: *El viaje en carruaje del etíope.*

Lucas 19:30-31: *«Vayan a la aldea que está ante ustedes. Al entrar en ella, van a encontrar atado un burrito, sobre el cual nadie se ha montado. Desátenlo y tráiganlo aquí. Si alguien les pregunta: "¿Por qué lo desatan?", respondan: "Porque el Señor lo necesita"».*

La Muerte de un Dictador

Mateo 2:19-20: *Después de que murió Herodes, un ángel del Señor se apareció en sueños a José en Egipto, y le dijo: «Levántate, toma al niño y a su madre, y regresa a Israel, porque los que querían matar al niño han muerto ya».*

Prediciendo la Muerte

2 Pedro 1:13-14: *Mientras yo tenga vida, es mi obligación animarlos y recordarles todo esto, pues sé que pronto tendré que abandonar este cuerpo, tal y como nuestro Señor Jesucristo me lo ha hecho saber.*

Eligiendo a un Sucesor

1 Reyes 19:15-16: *El Señor le dijo:«Regresa por donde viniste, y ve por el desierto camino a Damasco. Cuando llegues allá, busca a Jazael y úngelo como rey de Siria. Luego busca a Jehú hijo de Nimsi, y úngelo como rey de Israel; y a Eliseo hijo de Safat, del pueblo de Abel Meholá, úngelo para que ocupe tu lugar como profeta.*

Los Planes del Enemigo

Éxodo 3

EL MUNDO ESTÁ ESPERANDO ESCUCHAR LOS PENSAMIENTOS DE DIOS A TRAVÉS DE TUS PALABRAS DE CONOCIMIENTO

¿Te imaginas cuántas preguntas importantes y eternas está considerando el mundo? ¿Obtendremos respuestas a estas preguntas de vida o muerte?

¡Dios nos ha hecho para prosperar! Cuando estamos viviendo una vida menor a nuestro potencial y necesitamos una corrección de curso. Tenemos dentro de nosotros un sensor natural, conectado, que busca a Dios. Sus pensamientos y revelaciones son las claves principales para acercar rápidamente a la humanidad hacia Su corazón. Al igual que cuando tienes problemas en una relación, no querrás resolverlo a través de correos electrónicos o mensajes de texto. No es tan eficaz. Si puedes hablar a través de FaceTime (Aplicación de celular para video conferencia) con la persona o verla cara a cara, esto puede sanar una gran cantidad de heridas.

Las palabras de conocimiento te ayudan a redescubrir la vida, te colocan de manera intencional en el centro de tu llamado espiritual, y te dan un sentido de dirección y definición para alcanzar tu propósito.

También son una de las formas principales en que Dios protege Su promesa y mantiene al mundo en camino hacia la meta: **Que Jesús llegue a recibir Su completa y total herencia.** Muchas personas hoy en día buscan a falsos consejeros espirituales y consultan a las personas equivocadas, en un intento por obtener respuestas correctas para todo, desde el matrimonio y finanzas hasta instrucciones y política. Es hora de que los cristianos crezcan en la revelación del corazón y la mente de Dios y se conviertan en una fuente de Sus palabras.

PUEDES CRECER EN LA MENTE Y EN EL CORAZÓN DE CRISTO

Quiero alentarte a que si estás fascinado por lo profético, entonces estés seguro de que Dios está creando un anhelo en ti para revelar tu pasión. Si oyes historias proféticas que te revitalizan, entonces debes saber que estás destinado a producir tus propias historias proféticas. Cuando me senté a escribir este libro, quería asegurarme de brindar una perspectiva que te llevara a obtener herramientas útiles, para crecer en estos dones.

Contamos con un libro de trabajo y un curso en línea que te pueden guiar a través de pasos prácticos para crecer en las palabras de conocimiento, pero deseaba sentar una base que pudiera ayudarte.

Como yo y muchos otros que se encuentran allá afuera buscando a Dios, tendrás que trabajar para conectarte de esta manera. Como lo hemos mencionado a través de estas páginas, tendrás que practicar tomando riesgos. Pero en algún momento, ten por seguro que Dios compartirá Su mente y Su corazón contigo y tomará el timón. Te sentirás maravillado por Su presencia en ti y en cómo te utiliza para hablarle a los demás y comunicarles Su amor por ellos.

Piensa en las consecuencias de lo que te digo – con este único y especial don, el Espíritu Santo te puede ayudar a compartir tu mente con la de Cristo y ¡descargar pensamientos en los que nunca hubieras podido pensar por tu cuenta! Las palabras de conocimiento no deben de surgir como hechos aleatorios y milagrosos. En vez de eso, te invito a que te concentres en esto como un estilo de vida para perseguir la unidad con Dios. ¡Este regalo te conecta con Sus pensamientos y las profundidades más íntimas de quién es Él!

BUSCA LA APERTURA EN TU CORAZÓN, TU ESPÍRITU Y TUS RELACIONES

Estaba ministrando en un evento, y al final tomé un poco de tiempo para dar ejemplos de palabras de conocimiento y profecía. Estoy tan deseoso de dar a la gente un vistazo de cómo lo hago, con la esperanza de que se enganchen con ello también. La mayoría de las mejores cosas de la vida son interiorizadas más de lo que son enseñadas, y creo que lo que estoy haciendo ahora son pasos de bebé ¡en comparación con los pasos agigantados que Dios está trayendo al futuro! Todos podemos hacerlo.

Durante este evento en particular, un hombre se me acercó. Era un pastor de la localidad y mejor amigo del pastor que me había invitado. Ambos habían iniciado llenos de pasión, en un movimiento del Espíritu Santo, pero esta era la primera vez en una década que él había regresado a encontrar algo más que un estilo carismático en la iglesia.

"No puedo decidir si esto de la profecía es lo suficientemente valioso como para introducirlo a mi iglesia," me dijo, "porque en mi experiencia la gente que busca lo profético y las palabras de conocimiento sólo crean problemas cuando las sobrevaloran."

Me podía identificar completamente con lo que estaba diciendo.

"Lo entiendo," respondí. "No debe ser nuestro enfoque principal, y muchas veces las personas se concentran en los dones más que en las relaciones. A menos que se establezcan los objetivos y los límites apropiados que permitan que esto sea una herramienta relacional. Parece que te han despojado de la credibilidad de este don debido a los desequilibrios que has visto que puede crear. Permíteme desafiarte a hacer el esfuerzo de establecer las metas y límites y ver si puedes volver a dar fuerza a los dones proféticos para que sean un motivador saludable hacia Jesús y las relaciones en tu iglesia."

Se quedó pensando en ello y se dio cuenta de que en vez de haber tomado una acción correctiva debido al dolor que él y otros habían experimentado a través de estos dones, realmente los había expulsado. Su explicación de estar abierto a los dones proféticos era, "Bueno, si Dios quiere traer estos dones acá, lo hará", en vez de desear ansiosamente lo que Dios puede hacer a través de ellos tanto en su vida como en la de otros.

Cualquier cosa que consideres valiosa requerirá de trabajo y esfuerzo. Esto empieza por atesorar algo y a veces comprar todo un terreno para obtener esa perla única de alto precio. Si te has desentendido de las palabras de conocimiento, ¡te invito a ir tras ellas! Hazlo durante una temporada y ve qué ocurre cuando te dediques a escuchar a Dios y recibas Sus pensamientos.

Me siento tan agradecido de que Dios no me dejara darme por vencido en el ministerio profético. Es una de las partes más hermosas de mi vida. Espero que tú también lo busques, porque te ayudará a conectarte con partes de Dios que nunca habrías visto sin estos poderosos dones que Él nos ha dado.

Ahora que comprendes las palabras de conocimiento quiero desafiarte a que entres a un lugar de fe. Tu trabajo es mantener tu corazón, tu espíritu y tus relaciones tan abiertas a Dios como puedas. Sólo tenemos una vida, y queremos ser tan abiertos como sea posible a la obra de Dios.

Dios tiene secretos que ha guardado durante una eternidad y que desea compartir contigo. ¿Estás listo?

APÉNDICE

LAS DIFERENTES FORMAS EN LAS QUE ESCUCHAMOS

Vamos a revisar algunas de las muchas maneras en las que la gente escucha a Dios para que puedas identificar, practicar o estar consciente de cómo Dios quiere hablar contigo. Durante nuestros entrenamientos, una de las preguntas más comunes que la gente hace es: ¿Es normal si escucho de esta manera o de esa manera? Permíteme decirte que no hay "normal" cuando se trata de Dios. No hay reglas sobre cómo funciona todo esto; Él es el Dios que se llama a Sí mismo el Creador. ¿Podemos realmente definir a un Dios infinito o poner Su naturaleza en una caja?

Me fascina cómo Jesús nunca realizó dos milagros iguales de la misma forma. Por lo tanto, tenemos un Dios que no nos da fórmulas específicas para el éxito en nuestra relación sino las herramientas para hacerla exitosa.

Mi esposa estaba bromeando un día conmigo y dijo, "Deberías escribir el libro Interpretando a las Mujeres como la segunda parte de tu libro Interpretando a Dios." Me reí y le dije, "Sería un libro enorme y grueso, del tamaño de un diccionario, y no tendría nada dentro más que: "No puedo y tú tampoco puedes, así que no lo intentes." Aun así, ella siguió pensando que sería un bestseller.

Dios es más complicado que la búsqueda de un hombre para entender a las mujeres, pero al igual que los hombres crecen y no pueden dejar de encontrar una gran satisfacción en el sexo opuesto – a través de sus madres, su matrimonio e hijas – ¡nuestra relación con Dios vale tanto la pena!

Dios nos dio muchísimas herramientas para ayudarnos a conectarnos con la revelación. Algunos de ustedes son completamente nuevos en el tema, así que quiero definir estas herramientas para ustedes. (Pueden leer más sobre ellas en el manual de trabajo: Interpretando a Dios, y en otros materiales.)

HERRAMIENTAS Y DIFERENTES TIPOS DE FORMAS PARA AYUDARTE A ENTENDER CÓMO VER

IMÁGENES

Considero que esta es la principal manera en que la mayoría de la gente escucha a Dios. Lo he mencionado durante todo el libro; es lo que se refiere a que Dios descarga Sus pensamientos o una imagen en tu mente.

Marco 2:8-12: *Enseguida Jesús se dio cuenta de lo que estaban pensando, así que les preguntó: «¿Qué es lo que cavilan en su corazón? 9 ¿Qué es más fácil? ¿Qué le diga al paralítico: "Tus pecados te son perdonados", o que le diga: "Levántate, toma tu camilla y anda"? Pues para que ustedes sepan que el Hijo del Hombre tiene autoridad en la tierra para perdonar pecados, éste le dice al paralítico: "Levántate, toma tu camilla, y vete a tu casa"». Enseguida el paralítico se levantó, tomó su camilla y salió delante de todos, que se quedaron asombrados y glorificando a Dios, al tiempo que decían: «¡Nunca hemos visto nada parecido!»*

Lucas 24:45 *Entonces les abrió el entendimiento para que pudieran comprender las Escrituras*

VISIONES

Una visión es cuando recibes la imagen de una palabra, una imagen mental-(imagen descrita), una imagen del reino del soñar despierto, una imagen completa en movimiento, una imagen abierta o una experiencia visionaria.

Hechos 9:12 *Saulo ha tenido una visión, en la que vio que un varón llamado Ananías entraba y le imponía las manos, con lo que le hacía recobrar la vista.*

Hechos 16:9-10: *Allí, una noche Pablo tuvo una visión, en la que veía ante él a un varón macedonio, que suplicante le decía: «Pasa a Macedonia, y ayúdanos». Después de que Pablo tuvo la visión, enseguida nos dispusimos a partir hacia Macedonia, pues estábamos seguros de que Dios nos estaba llamando a anunciarles el evangelio.*

SUEÑOS

Muchos de nuestros sueños son enviados por Dios a través del Espíritu Santo. A veces, podemos aprender a interpretarlos; algunos sueños nos pueden mostrar literalmente un evento o una conversación futura a todo color.

Job 33:15: *Nos habla en sueños, en visiones nocturnas, cuando el sueño nos vence y nos dormimos; entonces nos habla al oído*

Génesis 37:5-11: la historia del joven José interpretando los sueños de su padre, que revelaron su gobierno futuro y la sumisión de sus hermanos hacia él.

TRANCE

Un trance ocurre cuando te encuentras en una consciencia espiritual elevada. Estás más conectado a Dios a través del Espíritu Santo de lo que estás conectado al mundo a tu alrededor. Puede ser como un estado de estar soñando estando despierto.

Hechos 11:4-5: *Pedro comenzó entonces a contarles detalladamente lo que había sucedido. Les dijo: «Mientras yo estaba orando en Jope, entré en éxtasis y tuve una visión. Vi que del cielo bajaba hacia mí un gran lienzo, atado por las cuatro puntas.*

VOZ DIRECTA

A veces Dios habla. Puede ser Su voz audible, como cuando alguien está hablando y todos pueden oír. También puede ser una voz proyectada en tu cabeza que está más allá de tus pensamientos o ideas.

Lucas 9:35-36: *Entonces, desde la nube se oyó una voz que decía: «Éste es mi Hijo amado. ¡Escúchenlo!» Cuando la voz cesó, Jesús se encontraba solo. Pero ellos mantuvieron esto en secreto y, durante aquellos días, no le dijeron a nadie lo que habían visto.*

OLORES

A veces, Dios puede usar un olor o un aroma para actuar como una palabra de conocimiento. Recuerdo oler una de las lociones de mi mejor amigo cuando miré a una mujer y le pregunté si su nombre era el mismo que el de mi amigo. Y así fue.

FLASHBACK/DÉJÀ VU

El déjà vu es otro tipo de lenguaje espiritual que describe una experiencia que gran parte de la humanidad ha tenido en un momento u otro – una sensación de que has estado en ese momento exacto antes. A veces, esto genera un ambiente donde observas algo que no habrías observado si Dios no te lo hubiera hecho presente en ese momento.

Salmo 77:11-12: *Es mejor que haga memoria de las obras del Señor; Sí, haré memoria de tus maravillas de antaño. Meditaré en todas tus obras, y proclamaré todos tus hechos.*

ACERCA DEL AUTOR

Shawn es un orador internacional, presentador de televisión, consejero espiritual, productor, ministro y autor de uno de los libros mas vendidos: *Interpretando a Dios*, entre otros. Famoso por su enorme don profético y su perspectiva fresca sobre la Biblia, a Shawn le apasiona ver el amor, la creatividad y la justicia de Dios ministrados a través de su pueblo hoy en día. Shawn es también el pastor fundador de la Iglesia Expression58, una base para misiones e iglesia enfocada en capacitar y preparar a cristianos, fomentar las artes creativas y amar a la gente dentro de la industria del entretenimiento y a los necesitados. Vive en Los Ángeles, California, con su encantadora esposa, Cherie, y sus maravillosas hijas, Harper y Hartley.

LOS SECRETOS DE
DIOS

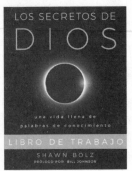

¡LOS SECRETOS DE DIOS ESTAN LISTOS PARA SER REVELADOS POR MEDIO DE TI!

Has leído el libro de Shaun Bolz "Los Secretos de Dios: Una Vida Llena de Palabras de Conocimiento" Ahora incrementa tu experiencia reveladora con: "Los secretos de Dios, libro de trabajo" Una guía para activar tu fe y ensenarte a compartir palabras de conocimiento de una forma entendible.

Dios piensa en ti y en las demás personas en innumerables ocasiones y revela esos pensamientos por medio del don de palabras de conocimiento. ¡El entendimiento de Shaun ha cerca de este don, lo hace fácilmente accesible! Leyendo este libro de trabajo, Ya sea de forma individual o grupal, tendrás la oportunidad de crecer en las siguientes áreas:

- **Fundamento:** aprender la historia y los beneficios de dar palabras de conocimientos.
- **Intimidad:** desear conocer el corazón de Dios sobre todas las cosas.
- **Identidad:** ser realmente tu mismo.
- **Rendir Cuentas:** crecer en sabiduría y humildad con la gente de confianza.
- Riesgo: ser valiente, dejar detrás el temor o necesidad de aparentar.
- **Habilidad de escuchar:** tantas formas de escuchar Su voz ; no puedes fallar.
- **Expresión:** compartir de una manera relevante, con un corazón de amor.
- **Fe:** siempre has espacio para tener más.

Este libro de trabajo basado en La Biblia incluye preguntas de discusión y pruebas para ayudarte a aprovechar al máximo los conocimientos y la sabiduría práctica compartidos. ¡Empieza a activar tu don hoy!

Y ayuda a llenar al mundo con el conocimiento de la gloria de Dios.

www.BolzMinistries.com

INTERPRETANDO A DIOS

Mediante una filosofía de pensamiento provocativo del ministerio profético y los éxitos gloriosos y fracasos reales de Shawn, tú vas a ser inspirado y equipado para: aprender a cómo escucharle a Dios para ti mismo y para los demás, crecer mediante simples pasos enfocados, tomar grandes riesgos, rendir cuentas, amar bien a la gente, crecer en intimidad con el Señor.

Conocido como una voz profética internacional quien ha ministrado a miles–desde la realeza hasta aquellos que están en las calles–Shawn Bolz comparte todo lo que él ha aprendido acerca de la profecía en una forma que es totalmente única y refrescante. El objetivo de Shawn es llegar a una meta más alta de amar a la gente a nivel relacional, no solo buscando el don o la información, y él te activa a hacer lo mismo.

Empieza a remodelar el mundo alrededor de ti y del amor de Dios hoy.

INTERPRETANDO A DIOS LIBRO DE TRABAJO

Actívate con las historias inspiradoras de Shawn y el uso de activaciones, preguntas, y diferentes formas que el incluye en este libro de trabajo transformador para llevar un registro de tu progreso. Ya sea de manera individual o en grupo, aprenderás a:

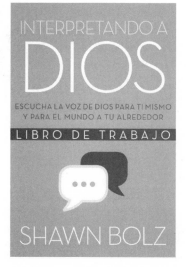

- Desarrollar tu relación con Dios y con los demás.
- Recibir y entender la revelación.
- Desarrollar y nutrir intencionalmente tu habilidad en lo profético.
- Convertirte en la expresión completa de Dios para amar por medio de su revelación y su voz.